Pas sorcier, le français !
Référentiel 5e

Caroline Delforge
Emmanuelle Lepage
Éric Petit
Muriel Rademaker

Pas sorcier, le français ! – Référentiel 5e

Auteurs :   Caroline Delforge, Emmanuelle Lepage, Éric Petit, Muriel Rademaker
Illustrations :   Muriel Rademaker
Mise en page : Françoise Grisay (GriGri)

Conforme aux référentiels pédagogiques et agréé par la Commission de pilotage.

L'orthographe telle que rectifiée le 6 décembre 1990 par le Conseil Supérieur de la langue française est d'application dans la collection.

Les photocopieuses sont d'un usage très répandu et beaucoup y recourent de façon constante et machinale.
Mais la production de livres ne se réalise pas aussi facilement qu'une simple photocopie.
Elle demande bien plus d'énergie, de temps et d'argent.
La rémunération des auteurs, et de toutes les personnes impliquées dans le processus de création et de distribution des livres, provient exclusivement de la vente de ces ouvrages.
En Belgique, la loi sur le droit d'auteur protège l'activité de ces différentes personnes.
Lorsqu'il copie des livres, en entier ou en partie, en dehors des exceptions définies par la loi, l'usager prive ces différentes personnes d'une part de la rémunération qui leur est due.
C'est pourquoi les auteurs et les éditeurs demandent qu'aucun texte protégé ne soit copié sans une autorisation écrite préalable, en dehors des exceptions définies par la loi.
L'éditeur s'est efforcé d'identifier tous les détenteurs de droits. Si malgré cela quelqu'un estime entrer en ligne de compte en tant qu'ayant droit, il est invité à s'adresser à l'éditeur.

© Éditions VAN IN, Mont-Saint-Guibert – Wommelgem, 2009

Tous droits réservés. En dehors des exceptions définies par la loi, cet ouvrage ne peut être reproduit, enregistré dans un fichier informatisé ou rendu public, même partiellement, par quelque moyen que ce soit, sans l'autorisation écrite de l'éditeur.

1re édition, 3e réimpression 2018

ISBN: 978-90-306-4569-6
D/2010/0078/265
Art. 506478/04

PARTIE I — LES TEXTES

- Les textes descriptifs 1
- Les textes injonctifs 6
- Les textes narratifs 11
- Textes explicatifs ou informatifs 17
- Textes argumentatifs 22
- Les textes rhétoriques ou poétiques 27
- Les textes dialogués 31

PARTIE II — LES PHRASES ET LES MOTS

Chapitre	ANALYSE	page
1.	Qu'est-ce qu'une phrase ?	1
2.	Les types et formes de phrases	2
52.	Le groupe sujet (GS)	39
53.	Le groupe verbal (GV)	40
54.	Les compléments du verbe : direct, indirect et attribut	41
55.	Le complément direct du verbe (GCD)	41
56.	Le complément indirect du verbe (GCI)	42
57.	Le groupe attribut du sujet (GA)	43
58.	Les groupes compléments de phrase (GCP)	44
59.	Le groupe complément du nom (GCN)	45
60.	La ponctuation	47

Chapitre	GRAMMAIRE	page
3.	Nature ou classes de mots	4
4.	Les noms	4
5.	Les règles générales de l'accord en genre et nombre des noms	5
6.	Les cas particuliers pour le féminin des noms	7
7.	Les déterminants	8
8.	Les déterminants articles	9
9.	Les déterminants possessifs et démonstratifs	9
10.	Les déterminants numéraux	10
11.	Les déterminants interrogatifs et exclamatifs	10
12.	Les déterminants indéfinis	11
13.	Les adjectifs	11
14.	Le féminin des adjectifs	12
15.	Le pluriel des adjectifs	14
16.	L'accord de l'adjectif de couleur	15
17.	L'accord de l'adjectif numéral	15
18.	L'accord des adjectifs « grand », « demi », « semi », « nu » et « mi »	16
19.	Les pronoms	16
20.	Les pronoms personnels	17
21.	Les pronoms démonstratifs	18
22.	Les pronoms possessifs	18
23.	Les pronoms interrogatifs	19
24.	Les pronoms numéraux	20
25.	Les pronoms indéfinis	20
26.	Les mots-liens	21
27.	Les mots invariables	22
28.	Les adverbes	22
29.	L'orthographe des adverbes	24

PARTIE II

Chapitre	CONJUGAISON	page
30.	Les verbes	25
31.	Les verbes d'action et les verbes d'état	25
32.	Les verbes impersonnels	25
33.	Les personnes de la conjugaison	26
34.	Les groupes de verbes	26
35.	Les auxiliaires	27
36.	Les modes	27
37.	Les temps	28
38.	Les temps simples et les temps composés	28
39.	Les voix active et passive	30
40.	Les tableaux de construction des conjugaisons	30
41.	L'indicatif présent (temps simple)	31
42.	L'indicatif imparfait (temps simple)	32
43.	L'indicatif passé simple (temps simple)	33
44.	L'indicatif futur simple (temps simple)	33
45.	Le conditionnel présent (temps simple)	34
46.	Le subjonctif présent (temps simple)	34
47.	L'impératif présent (temps simple)	35
48.	L'indicatif passé composé (temps composé)	36
49.	L'indicatif plus-que-parfait (temps composé)	36
50.	Les participes passés	37
51.	L'accord du participe passé	37

Chapitre	ORTHOGRAPHE	page
61.	Les accents et le tréma	49
62.	Tout	50
63.	Cour / cours / court / courre / coures / courent / coure	51
64.	La / l'a / l'as / là	52
65.	Leur / leurs	52
66.	Mets / met / m'es / m'est / mes / mais / mai	53
67.	Peu / peux / peut	53
68.	Quand / quant / qu'en	54
69.	Quel / quelle / quels / quelles / qu'elle / qu'elles	54
70.	Sens / sent / s'en / sans / cent / sang / sens	54
71.	Ses / ces / c'est / s'est	55
72.	Si / s'y / -ci / ci- / scie	55
73.	Tends / tend / t'en / tant / taon	56
74.	Tond / tonds / ton / thon / t'on	56
75.	L'écriture des nombres	57

Chapitre	VOCABULAIRE	page
76.	Les homonymes	59
77.	Les synonymes	59
78.	Les antonymes	60
79.	Les familles de mots	60

PARTIE I
LES TEXTES

Les textes descriptifs

Si tu te trouves dans une situation où tu dois créer, inventer ou encore découvrir et lire un texte du type descriptif, tu auras besoin des quelques conseils et règles suivantes.

Les textes descriptifs aident le lecteur à se représenter, le plus précisément possible, une situation, un lieu, une personne, qui ne sont pas présents.

Ils présentent, montrent, décrivent.

Ils sont souvent écrits à l'indicatif imparfait ou à l'indicatif présent.

Ils situent dans l'espace quelqu'un ou quelque chose.

Genre de textes

- Portrait
- Description de lieu
- Inventaire
- ….

Où peux-tu les rencontrer ?

- Dans un roman
- Dans un livre
- Dans un article
- Dans un dépliant
- Dans un catalogue
- Dans un journal
- Dans une revue…

Deux exemples

A. Le portrait d'une personne, d'un personnage

B. Le guide touristique

A. Le portrait d'une personne, d'un personnage

- **Structure générale du portrait d'une personne, d'un personnage**
  - Titre en rapport avec le texte
  - Choix des critères de description
  - Description physique et/ou morale ; celle-ci tente d'être complète, de tout dire sur le sujet, de ne rien oublier.

- **Structure détaillée**
  - Construis ta description en suivant un certain ordre, une certaine logique dans l'espace, par exemple de haut en bas s'il s'agit d'une personne.
  - Respecte la cohérence de temps dans la description.
  - Choisis le plus souvent d'utiliser : l'indicatif présent (voir Partie II - chap 41)
    l'indicatif imparfait
    (voir Partie II - chap 42)
    l'indicatif passé simple
    (voir Partie II - chap 43)
  - Mais aussi parfois : l'indicatif passé composé (voir Partie II - chap 43)
    l'indicatif plus-que-parfait (voir Partie II - chap 49)

- **Structure de la phrase**
  - Utilise de nombreux verbes différents afin de rendre le texte plus agréable (voir Partie II - chap. 30 à 32).
  - Utilise de nombreux adjectifs qualificatifs pour rendre la description plus précise et complète (voir Partie II - chap. 13).
  - Utilise des comparaisons pour enrichir la description.
  - Utilise des pronoms de la troisième personne dans la description (voir Partie II - chap. 19 et 20).
  - Utilise aussi des phrases complexes lors de ta description (voir Partie II - chap. 1).
  - Utilise des synonymes pour enrichir ta description (voir Partie II - chap. 77).
  - Vérifie aussi l'orthographe.

Tante Éponge et Tante Piquette

Tante Éponge était petite et ronde, ronde comme un ballon. Elle avait de petits yeux de cochon, une bouche en trou de serrure et une de ces grosses figures blanches et flasques qui ont l'air d'être bouillies. Elle ressemblait à un énorme chou blanc cuit à l'eau. Tante Piquette, au contraire, était rouge, maigre et ossue, elle portait des lunettes à montures d'acier fixées au bout de son nez. Sa voix était stridente et ses lèvres minces et mouillées.

Roald DAHL, extrait de James et la grosse pêche,
traduction de E.Gaspar,
coll. Folio-Junior, © Éditions Gallimard.

- Titre en rapport avec le texte
- Description suivant un certain ordre, une certaine logique dans l'espace - Ici : d'une vue plus éloignée vers une vue détaillée
- Choix du temps et respect de la cohérence de temps dans la descritpion - Ici : imparfait
- Utilisation et accords d'adjectifs qualificatifs pour rendre la description plus précise et complète, mais aussi, utilisation de comparaisons pour enrichir la description

B. Le guide touristique

- **Structure générale d'un guide touristique**
  - Titre en rapport avec le texte
  - Choix des critères ou des caractéristiques de la description
  - Utilisation de caractères graphiques ou d'une mise en page pour faire ressortir un mot, une expression (en gras, en italique, en souligné, en plus grand…)
  - Photos si souhaité

- **Structure détaillée**
  - Respecte un ordre dans la description, respecte un point de départ, de passage et de fin.
  - Fais attention à la cohérence de temps dans la description.
  - Choisis le plus souvent ces temps de la conjugaison :
    l'indicatif présent (voir Partie II - chap. 41)
    l'indicatif imparfait (voir Partie II - chap. 42)
    l'indicati passé simple (voir Partie II - chap. 43)
    l'indicatif passé composé (voir Partie II - chap. 48)

- **Structure de la phrase**
  - Utilise des phrases complexes (voir Partie II - chap. 1).
  - Varie les verbes afin de rendre le texte plus agréable (voir Partie II - chap. 30 à 32).
  - Utilise de nombreux adjectifs qualificatifs pour rendre la description plus précise et complète (voir Partie II - chap. 13 à 18).
  - Utilise des comparaisons et des synonymes pour enrichir la description.
  - Utilise des pronoms de la troisième personne dans la description (voir Partie II - chap. 19 et 20).
  - Utilise une grande diversité de vocabulaire afin de rendre la description la plus précise possible.
  - Vérifie aussi ton orthographe.

À ne pas manquer à Bruxelles
La Grand-Place

Ensemble architectural d'exception, les façades gothiques et baroques de la magnifique Grand-Place ne manquent jamais d'éblouir le visiteur qui, débouchant d'une des ruelles environnantes, les découvre pour la première fois. Jadis cœur politique et économique de la ville, la place résonne aujourd'hui des pas des nombreux touristes qui viennent la voir chaque année, mais elle n'a rien perdu de sa grandeur.

C'est au XIIe siècle que furent posés les premiers pavés sur cet ancien marécage, devenu ensuite Grote Markt (place du Marché), d'où la connotation marchande des noms de rues alentour (rue des Bouchers, rue au Beurre, rue du Marché-aux-Fromages…).

Le rôle central de la place fut officialisé par la construction, entre 1401 et 1459, de l'hôtel de ville, avec son incroyable façade gothique aux mille détails.

La plupart des maisons des corporations de la place datent de la fin du XVIIe siècle. La maison des Boulangers, au n°1, accueille aujourd'hui le célèbre bar Le Roy d'Espagne. Avec son pignon évoquant la poupe d'un navire, le Cornet, au n°6, rappelle qu'il abritait autrefois la maison des bateliers. Son voisin, le Renard, était la maison des merciers. Au n°9, le Cygne était la maison des bouchers avant de devenir un café d'ouvriers que fréquenta Karl Marx en personne.

Au sud-est de la place, la maison des Ducs de Brabant présente un bel alignement de bustes et regroupe sept maisons de corporations. Autre édifice important, **la maison du Roi** est désormais occupée par le musée de la Ville de Bruxelles.

Extrait du guide touristique Lonely Planet : Bruxelles, Bruges, Anvers et Gand,
CITIZ, de Terry Carter et Lara Dunston.

- Utilisation d'un titre situant la description
- Choix du temps et respect de la cohérence de temps dans la description - Ici : temps exprimant le passé pour l'aspect historique et l'indicatif présent pour la description
- Mouvement perceptible dans la description - Ici : départ sur une vue d'ensemble puis arrivée sur un tour d'horizon plus précis dans un mouvement circulaire
- Variété de verbes pour rendre le texte plus agréable
- Adjectifs et comparaisons complétant et précisant la description
- Utilisation de caractères graphiques, mise en page, photos

Les textes injonctifs

Lorsque tu joues à un jeu, lorsque tu lis une recette de cuisine mais aussi lorsque tu décides de construire un meuble ou encore que tu lis le mode d'emploi afin d'utiliser un nouvel objet, tu te trouves face à des textes injonctifs.

Les textes injonctifs aident ou incitent le lecteur à réaliser ou à ne pas réaliser quelque chose.

Ils donnent des consignes, des ordres, des indications, des conseils…

Ils sont souvent écrits à l'impératif ou à l'infinitif et peuvent être accompagnés d'illustrations ou de schémas.

Les textes injonctifs peuvent aussi être appelés les textes prescriptifs.

Genre de textes

- Recette de cuisine
- Règle de jeu
- Conseils
- Mode d'emploi
- Consignes
- Règlement
- Notice de montage
- ….

Où peux-tu les rencontrer ?

- Dans un journal pour présenter des conseils
- Dans ton journal de classe pour expliquer le règlement de l'école
- Dans la boite d'un outil, d'une machine pour préciser le mode d'emploi
- Dans un livre de cuisine pour expliquer une recette
- Dans un jeu pour expliquer la manière de jouer
- Dans la boite d'un meuble à construire, pour expliquer comment le monter

Deux exemples

A. Des consignes

B. Un mode d'emploi

A. Des consignes (expérience scientifique)

■ Structure générale

- Titre, nom de l'expérience
- Matériel
- Réalisation en étapes
- Dessins ou photos si souhaité
- Parfois présence du degré de difficulté de l'expérience
- Utilisation de caractères graphiques ou d'une mise en page pour faire ressortir un mot, une expression (en gras, en italique, en souligné, en plus grand...)

■ Structure détaillée

- Utilise des tirets ou numéros.
- Respecte l'ordre chronologique du déroulement de l'expérience.
- Sois attentif aux temps de la conjugaison, tu utiliseras prioritairement l'impératif présent ou l'infinitif (voir Partie II - chap. 36 et 47).
- Garde les même temps de conjugaison dans tout le texte.
- Utilise correctement l'espace de la page.
- Simplifie au maximum chaque consigne, ne mets rien de superflu.
- Les photos ou les images agrémentent le texte et permettent de l'expliquer d'une autre manière.

■ Structure de la phrase

- Varie le plus souvent les verbes qui désignent les actions.
- Utilise du vocabulaire très précis.
- Vérifie ton orthographe.
- Vérifie les accords de base (noms, verbes).

Le ballon à réaction

Ce qu'il te faut :

- du fil solide, une paille pour boire
- deux chaises,
- un ballon de forme allongée
- une pince à document

1. Coupe un fil de 3 m de long et enfile-le dans une paille. Puis attache chaque extrémité du fil au dossier d'une chaise.
Écarte les chaises.

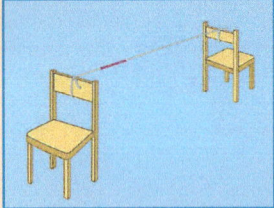

Espace les chaises pour tendre le fil.

2. Gonfle le ballon puis tortille son embout et attache-le avec la pince. Avec des morceaux de ruban adhésif, fixe le ballon sur la paille, comme ci-dessous.

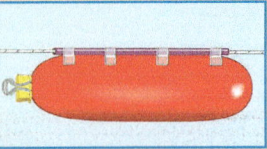

La pince empêche l'air de s'échapper.

3. Tire doucement la paille de façon à ce qu'elle se trouve à l'une des extrémités du fil, puis ôte rapidement la pince du ballon et observe ce qui se passe.

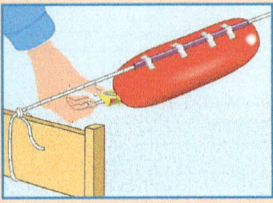

L'embout du ballon fermé par la pince se trouve près d'une chaise.

Rebecca Gilpin et Léonie Pratt,
La science en s'amusant, éditions Usborne, p. 49.

■ Présence d'un titre en rapport avec la description des consignes

■ Photos ou dessins illustrant la démarche

■ Utilisation de caractères graphiques, de mise en page, pour mettre en évidence un mot, une expression (taille du caractère, en plus grand…)

■ Utilisation en grande partie de l'impératif présent dans l'explication des consignes et parfois de l'indicatif présent lors de la description des images ou dessins

■ Utilisation de numéros pour obtenir une chronologie dans les différentes étapes

B Un mode d'emploi

- **Structure générale d'un mode d'emploi**
  - Intitulé du mode d'emploi, titre
  - Déroulement
  - Dessins ou schémas si nécessaire
  - Utilisation de caractères graphiques ou d'une mise en page pour faire ressortir un mot, une expression (en gras, en italique, en souligné, en plus grand…)

- **Structure détaillée**
  - Utilise des paragraphes différents pour chaque information.
  - Utilise des tirets ou numéros.
  - Respecte l'ordre chronologique du déroulement de la manipulation.
  - Sois attentif aux temps de la conjugaison, tu utiliseras prioritairement l'impératif présent (voir Partie II – chap. 47) ou l'infinitif (voir Partie II – chap. 36) mais aussi parfois l'indicatif présent (voir Partie II – chap. 45).
  - Garde les mêmes temps de conjugaison dans tout le texte.
  - Simplifie au maximum chaque consigne, ne mets rien de superflu.
  - Fais attention qu'aucune consigne importante ne manque.

- **Structure de la phrase**
  - Utilise du vocabulaire très précis.
  - Vérifie ton orthographe.
  - Vérifie les accords de base (noms, verbes).
  - Pense à utiliser la forme négative pour les interdictions.
  - Fais attention à l'emploi du « si », du « quand » (voir Partie II – chap. 72 et 68)

Remplissage automatique de l'iPod shuffle

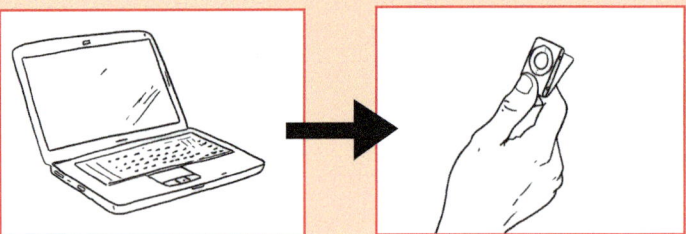

Pour charger automatiquement de la musique sur l'iPod shuffle

1. Connectez l'iPod shuffle à votre ordinateur.

2. Sélectionnez l'iPod shuffle dans la liste des dispositifs de la sous-fenêtre Source.

3. Cliquez sur l'onglet Contenu.

4. Choisissez la liste de lecture que vous souhaitez charger automatiquement sur l'iPod dans le menu local.

Pour charger automatiquement les morceaux de la totalité de votre bibliothèque, sélectionnez Musique.

5. Sélectionnez une des options suivantes, au choix.

Choisir les éléments aléatoirement : iTunes modifie l'ordre des morceaux au cours de leur chargement sur l'iPod shuffle. Si cette option n'est pas sélectionnée, iTunes télécharge les morceaux dans l'ordre où ils apparaissent dans la liste de lecture sélectionnée ou dans la bibliothèque.

Favoriser les éléments les mieux cotés : iTunes charge automatiquement les morceaux que vous écoutez le plus souvent.

Extrait du mode d'emploi IPOD SHUFFLE
http://manueals.info.apple.com/fr_FR

- Utilisation d'un titre permettant de définir le mode d'emploi
- Utilisation d'éléments graphiques ainsi que d'images ou dessins afin d'attirer le regard du lecteur
- Utilisation de tirets ou de numéros afin d'amener un ordre chronologique des actions à faire
- Choix du temps et respect de la cohérence dans le texte - Ici : Utilisation de l'impératif présent et de l'indicatif présent
- Utilisation de phrases simples

Les textes narratifs

Le type de texte que tu rencontres peut-être le plus c'est le narratif... Tu le rencontres dans les romans, les journaux etc. Les textes narratifs te racontent, t'informent, témoignent et même te distraient... Je suis sûr que tu écris aussi des histoires; voici quelques clés pour les écrire.

Le texte narratif est un texte raconté, il peut être réel ou imaginaire. Le texte narratif appelé aussi récit, est une histoire qui peut être réelle ou fictive : récit d'aventures, récit historique, récit merveilleux... Il est raconté par un narrateur soit à la 1re personne (je) ou à la 3e personne (il, elle), selon que l'auteur est ou non impliqué dans le récit.

Le texte narratif décrit une succession de faits qui s'enchainent. Les verbes d'action et de mouvement renseignent sur la progression de l'histoire, à laquelle participe(nt) un ou plusieurs personnages. Celui qui raconte , le narrateur peut, lui aussi, être un personnage de l'histoire qu'il raconte. L'histoire se déroule en un temps et un lieu donnés.

Genre de textes

- Le roman
- Le conte
- La nouvelle
- La BD
- Le fait divers
- Le récit de vie ou historique
- La parabole
- La légende
- L'histoire drôle
- Le reportage sportif
- ....

Où peux-tu les rencontrer ?

- Dans un livre, un roman
- Dans un journal
- Dans une revue
- …

Deux exemples

A. Un conte

B. Une BD

A. Un conte

- **Structure générale d'un conte**

  - Titre, nom du conte
  - Les 5 étapes sont bien distinctes
    1. Situation initiale
    2. Problème
    3. Action
    4. Résolution du problème
    5. Situation finale
  - Personnages, lieux, actions, époques

- **Structure détaillée**

  - Tu peux utiliser des verbes au présent, au passé simple, au passé composé ou à l'imparfait. Garde bien les mêmes temps de conjugaison dans tout le texte (concordance des temps).
  - Veille bien à la chronologie du texte.
  - Utilise des paragraphes surtout si le conte est long.
  - Essaie de faire vivre tes personnages, de les décrire, de leur donner vie.

- **Structure de la phrase**

  - Varie le plus souvent les verbes qui désignent les actions.
  - Utilise du vocabulaire très précis.
  - Utilise des substituts corrects et variés (voir Partie II - chap. 19 et 77).
  - Vérifie ton orthographe.
  - Vérifie les accords de base (Noms, verbes).
  - Utilise des adjectifs précis pour les descriptions (voir Partie II - chap. 13).
  - Fais apparaitre des indicateurs chronologiques (voir Partie II - chap. 58) et des pronoms (voir Partie II - chap. 19).
  - Évite les répétitions, utilise des synonymes (voir Partie II - chap. 77).

L'or de Ro le Grêlé

1   Ro, le Grêlé, ainsi nommé à cause de sa figure marquée de trous, était très pauvre et devait mendier pour vivre. Partout où il allait, il était repoussé comme un pestiféré. Un soir, épuisé et mourant de faim, il s'affaissa, à demi inconscient, à l'orée du bois.

2   Soudain, il vit briller, à deux pas de lui, des pièces jaunes. Il s'en approcha timidement, les toucha du bout des doigts, les porta à sa bouche. Il les mordilla pour s'assurer que c'était de l'or. Et en effet, c'était bien de l'or ! Fou de joie, il tenta de ramasser le trésor inespéré et de le fourrer dans sa besace. Mais brusquement, un cri strident déchira le ciel et fit trembler la terre. Une voix tonitruante s'éleva :

- Homme, comment oses-tu dérober mon or ?

Le gueux leva les yeux et aperçut un génie au milieu d'un nuage bleu, pointant vers lui son bâton de bambou.

- Je... je ne savais pas que cet or vous appartenait, ô génie vénéré ! balbutia le misérable.

Voyant que l'homme était vêtu de haillons, le génie reprit, la voix radoucie :

- Je compatis à ta misère, aussi je te permets de prendre autant d'or que tu le désires. Mais tu dois me promettre une chose : une fois que tu seras riche, tu ne devras pas oublier les pauvres. Tu les secourras, tu leur ouvriras ta porte s'ils sont dans le besoin. N'oublie jamais qui tu étais.

- Je vous le promets, ô génie bienfaisant ! assura le mendiant.

3   Du jour au lendemain, grâce à cet or, l'homme put s'acheter une belle maison et vécut dans la richesse. Il oublia rapidement ses années de misère et de privations. Il oublia aussi la promesse donnée au génie. Il fut totalement transformé, tant physiquement que moralement. Il troqua ses guenilles contre des tuniques de soie et de brocart. Il marcha la tête haute, la mine altière, brandissant son bâton d'ivoire au pommeau d'or. Il changea aussi de caractère ; il existe un proverbe vietnamien qui dit : « On change d'ami quand on s'enrichit ; on change d'épouse quand on s'anoblit ! »

Ro faisait partie de ces gens qui oublient vite leur passé, qui n'ont pas de mémoire. Il refusa de partager sa richesse avec les nécessiteux, il ne pensa qu'à amasser les biens et à les entasser.

4   Un beau matin, un mendiant misérablement vêtu se présenta devant sa belle demeure. Le nouveau riche envoya son chien pour le chasser ; mais dès que l'animal sortit de la maison, le mendiant disparut et une voix se fit entendre du ciel :

— Homme, je suis le génie qui t'avait tiré de la misère et qui t'avait accordé toute cette richesse dont tu jouis aujourd'hui. Mais, hélas ! je m'aperçois que tu as vite oublié la parole que tu m'avais donnée. Tu n'as pas secouru les malheureux qui ont tendu la main vers toi ; tu les as chassés comme on t'avait chassé autrefois. Et, puisque tu es devenu méchant et avare, je vais te transformer en fourmi pour que tu passes le reste de ta vie à entasser les biens de ce monde.

Un bruit assourdissant éclata et transforma le méchant riche en une toute petite fourmi ! C'est pourquoi, aujourd'hui, nous voyons ces bestioles toujours affairées, toujours occupées à amasser tout ce qu'elles trouvent sur leur chemin !

Thérèse Pham-Dao, « Un conte du Vietnam »,
dans Les plus beaux contes nomades, Éditions Syras Jeunesse.

- Présence d'un titre
- Cinq étapes de narration bien distinctes. Ici : numérotées de 1 à 5
- Présence d'indicateurs chronologiques

B. Une BD

La bande dessinée : il s'agit d'un ensemble de vignettes qui forment une histoire courte et parfois drôle.
Les paroles des personnages sont mises dans des bulles appelées phylactères.

- **Structure générale d'une bande dessinée**
  - Cartouche : indique le temps qui passe et/ou le lieu
  - Vignette : quand la personne parle : la bulle est à droite du personnage
  - Quand la personne pense : la bulle est à droite du personnage
  - Onomatopées : divers bruits : TOC TOC   BANG   ZZZZZ
  - Interjections : Hé   Aïe   HOOO

- **Structure détaillée**
  - Tu utilises des verbes au présent sauf peut-être dans le cartouche où tu peux parler au passé simple, au passé composé ou à l'imparfait.
  - Veille à avoir des dessins très clairs, il faut qu'on comprenne ce que ressentent les personnages rien qu'en les observant.
  - Imagine une action vivante en style direct.
  - Utilise des phrases courtes.

- **Structure de la phrase**
  - Varie le plus souvent les verbes qui désignent les actions.
  - Fais apparaitre des synonymes (voir Partie II – chap. 77).
  - Utilise des onomatopées et des interjections pour illustrer la parole.
  - Utilise du vocabulaire très précis.
  - Vérifie ton orthographe.
  - Vérifie les accords de base (noms, verbes).

Extrait de Zapping génération 3. Trop fort ! Édition Dupuis 2008

Textes explicatifs ou informatifs

Avant d'acheter, de louer ou d'emprunter un livre, tu lis le résumé à l'arrière du livre (4e de couverture) ou dans un journal de présentation.

Ce résumé te donne une explication sur ce que tu vas rencontrer dans le livre. Tu auras assez vite une idée de ce qui t'attend...

Parfois, tu te poses des questions. Souvent, tu es tenté de les poser aux adultes mais il t'est possible de rechercher la réponse toi-même en allant en quête d'informations en ouvrant ton dictionnaire, en compulsant un livre de la bibliothèque ou encore en feuilletant une revue spécialisée.

Les textes explicatifs servent à faire comprendre, à faire connaitre ou à informer. Ils sont souvent une réponse à des questions ou des problèmes énoncés avant leur lecture. Ces textes sont souvent écrits au présent et peuvent être accompagnés d'illustrations, de photos ou de schémas.

Genres de textes

- Textes contenus dans les manuels scolaires
- Textes dans les encyclopédies
- Les comptes rendus d'expériences
- Les comptes rendus de visites
- Les résumés
- Les critiques de livre ou de film
- Présentation d'un métier, d'un objet ou un d'un fait de société
- Les articles scientifiques
- …

Où peux-tu les rencontrer ?

- Dans les manuels scolaires
- Dans les revues
- Dans les documentaires
- Dans les cahiers
- Dans les encyclopédies ou dictionnaires
- …

Deux exemples

- A. Un résumé
- B. Le compte rendu d'une visite

A. Un résumé

■ **Structure générale d'un résumé**

- Titre, nom du livre
- Auteurs, illustrateurs
- Maison d'édition
- Résumé du livre en quelques lignes

■ **Structure détaillée**

- Indique le titre du livre.
- Écris avec des paragraphes.
- Veille à ce que ton écrit soit clair et compréhensible.
- Respecte la chronologie des évènements.
- Réduis le texte initial entre un quart et un dixième. Si c'est le résumé d'un livre, tu dois obtenir une page.
- Respecte l'idée générale du texte ou du livre.
- Sois vigilant, vérifie ton orthographe.
- N'oublie aucune idée importante.
- Garde uniquement l'essentiel et élimine les éléments accessoires.
- N'ajoute pas d'opinion personnelle. Ton avis n'a pas sa place dans un résumé.

■ **Structure de la phrase**

- Utilise des mots de liaison logique correctement placés.
- Utilise des synonymes.
- Utilise des substituts.
- Ponctue ton texte correctement.
- Utilise les temps du passé et du présent.
- Utilise des mots liens qui désignent le temps.

Résumé d'un livre

La musique des âmes

L'histoire se déroule pendant la Seconde Guerre mondiale. Matthias et Simon sont deux amis inséparables. Simon est juif et, un jour, toute sa famille est prise dans une rafle. Le garçon parvient in extremis à se sauver et à se cacher. Matthias s'organise alors pour lui apporter des provisions en cachette. Un jour, lors du ravitaillement, le garçon constate avec angoisse que son ami a disparu.

Matthias trouve une lettre qui lui est destinée. C'est Simon qui a signé. Il remercie Matthias pour tout ce qu'il a fait pour lui mais lui annonce qu'il n'en pouvait plus de rester caché, il a emporté son violon, seul souvenir de son père. L'ami de Simon est un peu triste et ne cesse de penser à lui. Mais il est convaincu qu'ils se retrouveront un jour…

Quinze ans plus tard, ils se retrouvent enfin à l'Opéra. Matthias est dans le public et Simon est sur scène avec son violon.

Sylvie Allouche et Clément Lefèvre, Éditions Sed.

B. Le compte rendu d'une visite

- **Structure générale d'un compte rendu de visite**
    - Intitulé de la visite
    - Présentation des divers endroits visités
    - Dessins ou schéma si nécessaire

- **Structure détaillée**
    - Paragraphe différent pour chaque partie.
    - Comparaisons (comme, mieux, autant…autant…).
    - Utilisation du présent et du passé composé de l'indicatif (voir Partie II – chap. 47 et 48).
    - De nombreux organisateurs textuels logiques (or, donc, mais, parce que…) (voir Partie II – chap. 58).
    - Essaie de bien mettre en évidence les éléments importants de ta présentation.
    - Respecte bien la chronologie de la visite.
    - Utilise bien l'espace de la page et essaie d'avoir une mise en page soignée.
    - Place les dessins, les photos au bon endroit.

- **Structure de la phrase**
    - Accroche le lecteur.
    - Progression logique de l'information pour que le lecteur s'y retrouve.
    - Trouve des éléments positifs et négatifs.
    - Sois objectif, n'écris pas « j'aime » ou « je n'aime pas ».
    - Vérifie ton orthographe.
    - Adapte ton vocabulaire au public auquel tu t'adresses.
    - Vérifie la ponctuation.

Compte-rendu d'une visite : Oostduinkerke (classes de mer)

Bonjour à tous ! Voici des nouvelles fraiches !

Ce matin, nos professeurs nous ont laissés dormir un peu plus tard... Cela nous a fait du bien! Ben oui, l'air de la mer ça fatigue !

Notre programme de la matinée: visite d'Oostduinkerke.

Au menu du petit-déjeuner : corn-flakes et du jus d'orange... pour bien démarrer !

Nous sommes ensuite partis visiter Oostduinkerke. Nous nous sommes arrêtés à la forteresse blanche (Witte Burg). C'est une dune mouvante dont la masse sablonneuse mesure 21 mètres de haut, elle fait partie d'une zone naturelle de 28 hectares.

Manu nous a expliqué la formation des dunes et le fait qu'on plante des oyats pour les fixer et ainsi les empêcher de s'étendre.

En continuant notre promenade, nous sommes passés devant l'église Saint-Nicolas dont la tour principale mesure 38 mètres de hauteur. Sur cette tour se trouve une énorme statue du Christ. Elle mesure 13,50 mètres et pèse 4 tonnes !

Un peu plus loin sur notre chemin, nous avons découvert que les noms des rues se terminaient toujours par :

- laan : avenue
- weg : chemin
- dreef : drève, longue allée
- straat : rue

Puis, nous sommes allés vers la mer et nous nous sommes arrêtés devant une maison au toit de chaume. Manu nous a donné des informations sur cette matière. C'est une multitude de brindilles très serrées qu'on fixe sur la structure en bois.

Les inconvénients :

-         ça brule assez vite

- il faut le remplacer après 15 ans et trouver quelqu'un qui sait le faire.

Les avantages :

    - c'est naturel

    - ça garde la chaleur et la fraicheur

    - c'est imperméable !

Arrivés sur la digue, les professeurs nous ont offert un tour de cuistax d'une demi-heure. Nicolas C. nous a bien fait rire avec son véhicule de marchand de glace. Sébastien H. a renversé les pancartes d'un restaurant en allant trop vite et Ilias n'a pas arrêté de pédaler comme un fou. On était tous ravis !

Nous sommes rentrés pour diner au centre. Des cordons bleus, des croquettes et des brocolis nous attendaient, suivis d'un très bon flan caramélisé.

Nous avons passé une très bonne matinée!

Rédacteurs : Thérèse, Charline, Théodora et Pauline D.

Textes argumentatifs

Tu cherches des renseignements concernant un concours ou une fête ? Observe bien l'affiche d'annonce…

Tu dois demander des informations concernant un lieu de classes vertes ou demander la permission pour lancer un projet à l'école ? Il va te falloir écrire une lettre de demande.

Pour t'aider, voici quelques « tuyaux ».

Le but des textes argumentatifs est de convaincre, de faire changer d'avis. Le texte argumentatif apporte des preuves ou des justifications. Il peut s'agir d'une démarche commerciale (vendre, acheter…) comme d'une démarche juridique (défendre, attaquer…). Ces textes sont truffés d'arguments forts ou de slogans imagés.

Genres de textes

- Tous les textes qui accusent ou défendent
- Les petites annonces
- Les discours
- Les messages publicitaires écrits
- Les lettres de demande
- Les affiches informatives
- …

Où peux-tu les rencontrer ?

- Dans les journaux
- Sur les panneaux publicitaires
- Dans le courrier
- Sur des tracts, des prospectus, des dépliants
- …

Deux exemples

A. L'affiche d'annonce de concours

B. La lettre de demande

A. L'affiche d'annonce de concours

- **Structure générale d'une affiche d'annonce de concours**
  - Évènement (quoi ?)
  - L'organisateur (qui ?)
  - Illustration en lien avec le thème
  - Thème proposé sous forme de slogan
  - Explication détaillée + date et lieu (quoi ? pourquoi ? où ? et quand ?)
  - Les sponsors éventuels

- **Structure détaillée**
  - Réfléchis à la disposition du texte et des illustrations afin que ce soit pertinent.
  - Veille à ce qu'il y ait un lien entre le texte et l'illustration.
  - Fais attention au format de ton support.
  - Utilise des caractères d'écriture variés et lisibles de loin.
  - Utilise des couleurs (peinture, gros marqueurs…).
  - Veille à faire un travail soigné et sans faute d'orthographe.
  - Note toutes les indications importantes et place-les correctement sur ton affiche.

- **Structure de la phrase**
  - Utilise uniquement des phrases non verbales.
  - Utilise des mots qui désignent le temps et le lieu.
  - Pour ce type d'écrit, on accordera également beaucoup d'importance à l'aspect graphique (artistique).

B. La lettre de demande

■ **Structure générale d'une lettre de demande**

- Expéditeur (qui envoie la lettre ?)
- Lieu et date
- Le destinataire (à qui est adressé le courrier ?)
- Interpellation
- Message à faire passer (corps de la lettre), arguments, demande
- Formule de politesse
- Signature

■ **Structure détaillée**

- Indique en haut et à droite le lieu et la date de l'écriture.
- Interpelle le destinataire par une formule de politesse pour qu'il se reconnaisse (cher, chère, cher ami, mon cher…).
- Écris ton message de manière claire : demande précise, arguments.
- Termine par une formule de politesse et ta signature.
- Adapte ta manière d'écrire à ton destinataire.
- Organise les informations en n'oubliant pas les marges et les paragraphes et vérifie l'orthographe.

■ **Structure de la phrase**

- Utilise je ou nous et tu ou vous (en fonction du destinataire). (Voir partie II - chap. 20)
- Utilise l'indicatif présent, l'indicatif futur simple ou l'indicatif passé composé. (Voir partie II - chap. 44 et 48)
- Veille à utiliser la forme affirmative et le type interrogatif pour ta demande. (Voir partie II - chap. 2 et 23)
- N'oublie en aucun cas les formules de politesse (affectueusement, amicalement, bien à toi, veuillez recevoir mes salutations distinguées…).
- Adapte ton niveau de langue en fonction du destinataire.

La classe de 5ᵉ année

Anderlecht, le 8 octobre 09

À Monsieur Dupond, directeur,
Institut Sainte-Rita

Cher Monsieur le directeur,

Nous avons une demande à vous faire. Nous voulons faire un journal avec Madame Catherine et Monsieur Éric pour tous les enfants de l'école.

Ce journal comprendra des interviews et des reportages sur les autres classes, des informations sur l'école et les professeurs, des photos, des articles sur les évènements dans le monde, des poèmes, des dessins etc.

Pour réaliser ce projet, nous avons besoin de matériel : un ordinateur, une radio, un appareil photo, des feuilles, un enregistreur.

Nous nous engageons à faire attention au matériel prêté, à travailler dans le plus grand soin, à être calmes et respectueux des consignes établies pour réaliser le meilleur journal possible.

Cette demande compte beaucoup pour nous.
Dans l'attente d'une réponse, nous vous prions de recevoir, Monsieur le directeur, l'expression de nos sentiments les plus chers.

Les élèves de 5ᵉ année.

Les textes rhétoriques ou poétiques

Qu'ils soient slogans
Ou poèmes d'antan
Belles chansons
Ou vieux dictons
Les textes rhétoriques
Ou poétiques
Ont un p'tit air mélodieux
Qui n'appartient qu'à eux…

Les textes rhétoriques ou poétiques servent à sensibiliser, à faire passer un message, à amuser ou distraire, à créer des émotions, à évoquer des sentiments.

Les textes rhétoriques ont une structure particulière : ils font jouer les mots, les rimes, les sons pour susciter des images, des émotions, des sentiments… ou pour présenter, en quelques mots, une idée ou un message.

Genre de textes

- Chanson
- Poème
- Proverbe
- Citation
- Comptine
- Slogan publicitaire
- Maxime
- Morale
- Dicton

Où peux-tu les rencontrer ?

- Dans un journal
- À la première page d'un roman (pour accrocher le lecteur)
- Dans une bande dessinée
- Sur une affiche publicitaire ou un dépliant
- Dans un chansonnier
- Dans un livre de poésies
- Sur Internet

Deux exemples

A. Un poème

B. Un slogan

A. Un poème

La poésie s'utilise pour suggérer des émotions, des sensations, des sentiments divers.

Pour ce faire, elle utilise des rythmes, des sonorités et toutes sortes de mots qui évoquent des images, qui font surgir des opinions, des idées…

- ### Structure générale du poème

    - Titre, auteur
    - Des strophes séparées les unes des autres
    - Des rimes qui se répètent régulièrement

- ### Structure détaillée

    - Découpe le texte selon une mise en forme spécifique (strophes…).
    - Aligne les phrases selon une structure que tu définis (retraits, sauts de lignes…).
    - Compte le nombre de pieds sur chaque vers pour donner du rythme à ton texte.
    - Joue avec les mots et rassemble-les pour faire surgir des images et pour associer des idées.

- ### Structure de la phrase

    - Utilise les vers (unités rythmiques ayant souvent le même nombre de syllabes), éventuellement des alexandrins (vers de douze syllabes), les rimes (jeux de sons identiques ou proches en fin de vers).
    - Crée des nouveaux mots.
    - Utilise des métaphores (donne un sens à un mot qui n'est pas son sens habituel mais qui crée, par comparaison, un effet très imagé : ex. une mer de manifestants…), des associations de mots inhabituelles, des jeux de mots…
    - Aie recours à une ponctuation spécifique (une majuscule au début de chaque ligne, le point ne vient qu'en fin d'idée).
    - Exprime des sentiments positifs (joie, amour, amitié…) ou négatifs (colère, tristesse…) pour faire rire, distraire, s'amuser, imaginer…

La grenouille

Une grenouille
Qui fait surface
Ça crie, ça grouille
et ça agace.

Ça se barbouille
Ça se prélasse
Ça tripatouille
Dans la mélasse

Puis ça rêvasse
Et ça coasse
Comme une contrebasse
Qui a la corde lasse.

Mais pour un héron à échasses,
Une grenouille grêle ou grasse
Qui se brochette ou se picore,
Ce n'est qu'un sandwich à ressorts.

Pierre Coran, Jaffabules, Livre de poche Jeunesse.

B. Un slogan

« Le slogan est une phrase facilement énoncée et retenue, qui exprime bien une idée qu'on veut diffuser ou autour de laquelle on veut rassembler. »

Définition tirée de Wikipédia, L'encyclopédie libre, 2008.

Le slogan est devenu au fil du temps un outil pour communiquer, dans le domaine de la publicité, mais aussi pour exprimer – et faire retenir – des idées dans le domaine politique, social, militaire, culturel, etc. Il permet de faire passer en quelques mots, que l'on fera répéter très souvent, une idée, un message, une image.

Le slogan, à la télévision, à la radio, dans les journaux, est souvent accompagné d'une mélodie très facile, d'une musique, ou bien d'une image frappante, d'une photo, d'une vidéo.

Le magazine « Paris-Match » a d'ailleurs créé ce slogan universellement connu : « Le poids des mots, le choc des photos ».

■ Structure générale d'un slogan

- Puisque le but est d'être facilement retenu et redit, le slogan doit être **court et précis** : une ou deux phrases maximum, voire quelques mots seulement.

- L'auteur du slogan va **jouer sur les mots**, lui **associer des images ou une musique**.

- Il va aussi pouvoir utiliser les anaphores, les métaphores, les jeux de mots, les associations de mots ou d'idées… tout ce qui permettra au lecteur de retenir facilement le slogan, ou de s'en faire une image mentale ou une mélodie musicale.

- Quand on l'écrit, on utilise la ponctuation pour mettre en évidence les idées et la structure de la ou des phrases (majuscule en début de phrase, virgules pour mettre les mots ou groupes de mots en évidence, mots ou idées ressortis du texte : en gras, en italique, en plus grand).

- L'auteur doit jouer sur les mots et les rassembler pour séduire, pour faire surgir des images fortes, pour accrocher ou pour associer des idées.

■ Structure détaillée

- Si tu veux écrire un slogan, trouve d'abord une idée forte que tu veux mettre en évidence.

- Trouve des mots très simples et très faciles à retenir qui expriment le mieux ton idée, et qui ont un rapport direct avec ton idée ou ton image.

- Écris-le en une phrase courte et concise, qui est agréable à répéter sans cesse.

- Choisis tes mots pour frapper les esprits et pour toucher les gens.

- Choisis-les aussi pour qu'ils permettent de retenir facilement les images que tu veux que les gens associent.

Les textes dialogués

— *Qu'est-ce que tu fais ?*
— *Je lis.*
— *Oui, je le vois bien… mais qu'est-ce que tu lis ?*
— *Un truc très intéressant sur les différents types de textes.*
— *Ah bon ? Et ça parle de quoi, au juste, à cette page ?*
— *Ils expliquent ce qu'est un texte dialogué. Tu veux voir ?*

Les textes dialogués permettent de faire vivre ton récit en imaginant que deux ou plusieurs personnes se parlent.

La base d'un texte dialogué est toujours la transcription d'un dialogue oral.

Tu fais vivre tes personnages en écrivant ce qu'ils se disent, ce qu'ils se racontent ou ce que tu imagines qu'ils se disent ou se racontent.

Genre de textes

- Dialogue dans des romans, des bandes dessinées, des pièces de théâtre
- Script d'un film
- Transcription d'une interview, d'un débat, d'une conversation téléphonique
- Conversation sur MSN ou par d'autres moyens de contact direct informatique
- Échanges de textos

Où peux-tu les rencontrer ?

- Dans un journal, un roman, une BD, une pièce de théâtre
- Dans le script d'un film
- Sur un ordinateur
- Sur un GSM

Un exemple

A. Un dialogue dans une narration

A. Un dialogue dans une narration

Dans un dialogue, il n'y a en général pas de narrateur pour raconter les faits. Ce sont les personnages qui prennent en charge l'énonciation.

Si la plupart des dialogues se déroulent entre deux personnages, il peut toutefois y avoir plusieurs interlocuteurs dans un même dialogue.

- **Structure générale d'un dialogue dans une narration**

  - Avant l'écriture du texte proprement dit, il y a souvent une contextualisation : l'auteur nous dit où et quand se passe l'histoire, nous décrit parfois les personnages, nous explique le contexte dans lequel se déroule l'histoire.
  - Le dialogue est basé sur un discours oral. Il s'agit en général d'un discours direct.
  - Les personnages et leur façon de parler sont le plus souvent au présent, et de temps en temps au passé composé mais aussi à l'imparfait et à l'impératif (voir Partie II – chap. 42 et 47). Les verbes qui indiquent que les personnages parlent, sont conjugués au même temps que les autres verbes du texte.
  - Il y a toujours une alternance entre les paroles des personnages qui parlent : à chaque réplique, il y a un changement d'interlocuteur.
  - Les pronoms personnels sont beaucoup utilisés (voir Partie II – chap. 20).
  - Les deux points annoncent le début du dialogue. Pour cela, on ouvre également les guillemets avant de donner la parole au premier personnage. Le tiret indique le changement d'interlocuteur (la personne qui parle). Tous les tirets doivent être les uns sous les autres en début de ligne, en retrait du texte. À la fin du dialogue, on ferme les guillemets.
  - L'onomatopée est un élément indispensable de la narration. Elle contribue à sonoriser le dialogue, à le rendre vivant, parfois bruyant ou même drôle.

- **Structure détaillée**

  - Une ponctuation primordiale pour le dialogue.
  - On peut placer deux points et ouvrir les guillemets, sans oublier de les refermer à la fin du discours.
  - Quand il y a plusieurs interlocuteurs, on va à la ligne et on met un tiret devant chaque réplique. Les guillemets sont placés au début et à la fin du dialogue.
  - Une mise en page spécifique est nécessaire : retraits et sauts de lignes.
  - Les phrases sont courtes, précises, directes.
  - La conjugaison est à la voix active. Ce sont en général des verbes d'action. Ceux-ci peuvent également donner des informations sur le ressenti des personnages.

Aujourd'hui, Delphine et Marinette s'ennuient. Voici le loup qui toque au carreau et supplie qu'on lui ouvre. Les fillettes se laisseraient bien tenter, mais l'animal a fort mauvaise réputation. Cependant, finira-t-il par ses belles paroles à faire oublier qu'il a dévoré le Petit Chaperon Rouge et l'agneau de la fable ?

Alors Delphine regarda le loup et lui dit : « Loup, c'est toi qui t'y colles !

- Non, c'est toi ! tu as bougé, elle a bougé.

- Un gage pour le Loup ! »

Le loup n'avait jamais tant ri de sa vie, il riait à s'en décrocher la mâchoire.

« Je n'aurais jamais cru que c'était si amusant de jouer, disait-il. Quel dommage qu'on ne puisse pas jouer comme cela tous les jours !

- Mais, Loup, répondaient les petites, tu reviendras. Nos parents s'en vont tous les jeudis après-midi. Tu guetteras leur départ et tu viendras taper au carreau comme tout à l'heure. »

Pour finir, on joua au cheval. C'était un beau jeu. Le loup faisait le cheval, la plus blonde était montée à califourchon sur son dos, tandis que Delphine le tenait par la queue et menait l'attelage à fond de train, au travers des chaises.

« Waouh. Pouce ! disait-il d'une voix entrecoupée. Laissez-moi rire… Je n'en peux plus… Ah ! non, laissez-moi rire ! »

Alors Marinette grommelait : « Ah bon ! beuh, je descends de cheval. »

Marcel Aymé, « Le loup », dans Les contes du chat perché, Éditions Gallimard.

PARTIE II

LES PHRASES ET LES MOTS

1. Qu'est-ce qu'une phrase ?

Quand tu écris, tu exprimes toute une série d'idées, tu racontes une succession de faits.

Pour qu'on puisse te lire aisément et bien te comprendre, tu découpes tes idées en plusieurs parties, en plusieurs phrases.

La phrase est un ensemble de mots organisés les uns par rapport aux autres selon les règles de la grammaire pour former un message.

La phrase verbale comprend toujours au moins un verbe (une action – un état) et un sujet.

Il existe aussi des phrases non verbales.

    Exemple: Défense d'afficher.

La phrase commence par une majuscule et se termine par un point, un point d'interrogation ou un point d'exclamation… (voir chap. 60 - p. 47)

> **Certaines phrases sont simples, d'autres sont complexes.**

- Observe : La grenouille avance lentement dans la mare.
  Les fleurs sont dans le vase.
  J'aime le sport.

Chacune de ces phrases ne comprend qu'un seul verbe conjugué.

→ **Ce sont des phrases simples.**

- Observe : Lorsque tu es venu, j'étais déjà prête.
  J'ai mis les fleurs dans le vase qui était posé sur la table.
  J'aime le badminton et j'y vais tous les dimanches.

Chacune de ces phrases comprend plusieurs verbes conjugués.

→ **Ce sont des phrases complexes.**

2. Les types et formes de phrases

A. Les types de phrases

Selon ton humeur, le but que tu recherches, tu peux transformer une simple phrase en y intégrant différentes nuances (l'étonnement, la joie, le questionnement, l'ordre…).

Par exemple, si tu dis : « Farid, peux-tu me prêter ton stylo ? » ou « Prête-moi ton stylo ! », exprimes-tu la même nuance ? Bien sûr que non ! De plus, à l'oral, tu pourras accentuer ton « effet » grâce à l'intonation.

> **Il existe 3 types de phrases :**

→ 1. **Le type déclaratif** qui permet de dire, de déclarer, de raconter quelque chose.

   La phrase déclarative se termine par un point à l'écrit (.) À l'oral, ton intonation diminue à l'approche du point.

   - Exemple : Les enfants applaudissent le spectacle.

→ 2. **Le type interrogatif** qui permet de demander quelque chose. La phrase interrogative se termine par un point d'interrogation à l'écrit (?) et une intonation plus marquée à l'oral.

   - Exemple : Quand viens-tu souper à la maison ?

→ 3. **Le type impératif** qui permet de donner un ordre, un conseil et d'exprimer un souhait. La phrase impérative se termine souvent par un point d'exclamation (!). Oralement, tu utilises l'intonation pour appuyer ton message (tu te fâches ou tu prends une voix apaisante).

   - Exemples : Taisez-vous ou je me fâche !
     Viens ici que je te console !

Le type déclaratif est le type le plus courant.
Tu peux d'ailleurs toujours transformer tes phrases interrogatives et impératives en une phrase déclarative.
Ce sont l'ordre des mots et la ponctuation, **à l'écrit**, qui te le montrent.
C'est l'intonation de ta voix, **à l'oral**, qui te permet de l'exprimer.

B. Les formes de phrases

> **Une phrase peut être affirmative ou négative.**

→ **La phrase affirmative** dit que quelque chose est ou a lieu.

   Exemple : Nicolas raconte de belles histoires.

→ **La phrase négative** dit que quelque chose n'est pas ou n'a pas lieu.

   Exemple : Nicolas ne raconte pas de belles histoires.

Les mots de négation les plus courants sont :
ne…pas, ne…plus,
ne…jamais, ne…rien,
ne…guère,
ne…personne,
ne…aucun, ni…ni.

> **Une phrase peut être active ou passive.**

→ **La phrase active** a un sujet qui fait l'action (exprimée par le verbe).

   Exemple : En classes de mer, les stagiaires ont pris des photos.

→ **La phrase passive** a un sujet qui subit l'action, il reste passif. On comprend que l'action est faite par quelqu'un ou quelque chose d'autre.

   Exemple : Ces photos ont été prises par les stagiaires.

3. Nature ou classes de mots

Chaque mot possède une nature et une fonction : sa nature c'est ce qu'il est, sa fonction, c'est ce à quoi il sert. Par exemple, ton instituteur pourrait te dire : « Je suis un homme (sa nature) et je suis instituteur (sa fonction). »

Pour te faciliter la vie, tous les mots sont classés dans différents groupes, selon leur nature. Ces groupes sont appelés les classes de mots.

Voici un tableau reprenant les différentes classes de mots, à ton tour de les mémoriser !

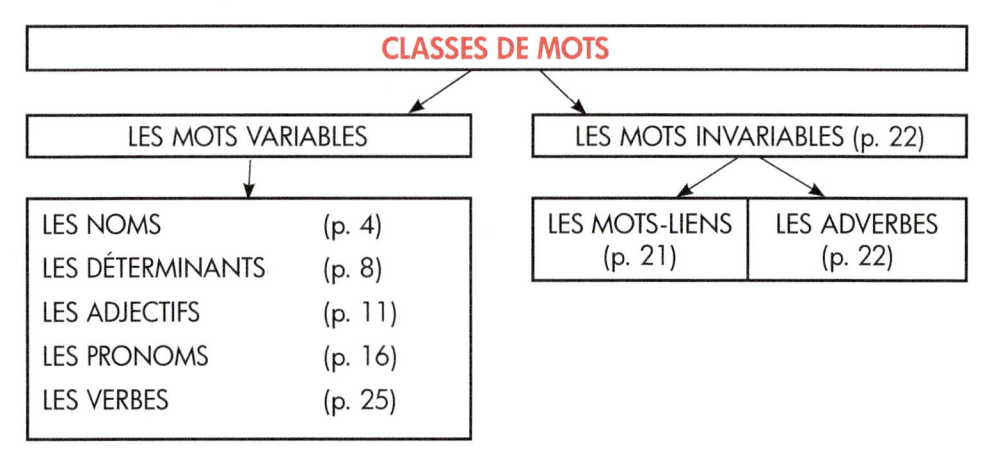

```
                        CLASSES DE MOTS
                       /               \
            LES MOTS VARIABLES      LES MOTS INVARIABLES (p. 22)
                    |                    /          \
            LES NOMS        (p. 4)   LES MOTS-LIENS   LES ADVERBES
            LES DÉTERMINANTS (p. 8)      (p. 21)         (p. 22)
            LES ADJECTIFS   (p. 11)
            LES PRONOMS     (p. 16)
            LES VERBES      (p. 25)
```

4. Les noms

- Tu sais que le nom est un mot servant à désigner les êtres vivants et les choses concrètes (objets) ou abstraites (actions, idées, qualités).

    Exemples : frère, arbre, table, départ, liberté, douceur, Paul…

- Tu distingues deux catégories de noms : **le nom commun et le nom propre**.
  Le **nom propre** s'écrit toujours avec une majuscule.

    Exemples de noms communs : ami, chat, pays, voiture…
    Exemples de noms propres : Italie, Rome, Liège, Bruxelles, Suzanne…

- Il peut être **simple ou composé**.

    Exemples : enfant, fleur ou allume-cigare, taille-crayon

- Il **s'accorde en genre et en nombre**.

    Exemples : Un ami, une amie, des amis, des amies…

- Il peut remplir **différentes fonctions** dans la phrase.
  Si tu veux avoir plus d'informations à ce sujet, va voir les chapitres « Analyse ».

5. Les règles générales de l'accord en genre et nombre des noms

A. Le féminin des noms

Avant de te lancer à la découverte de ces règles, voici une petite astuce : c'est la dernière lettre du nom au masculin qui te donnera la clé pour appliquer la « bonne formule » de l'accord du féminin !

RÈGLE GÉNÉRALE	Ajouter -e au nom masculin ➔ e	un cousin ➔ une cousine un ami ➔ une amie un marchand ➔ une marchande

SAUF si ton nom se termine au masculin par…

	Dans ce cas,…	**Exemples**	**Exceptions**
-e	il n'y a pas de changement pour le nom au féminin e ➔ e	un arbitre ➔ une arbitre un artiste ➔ une artiste un élève ➔ une élève	un âne ➔ une ânesse un hôte ➔ une hôtesse un maitre ➔ une maitresse un ogre ➔ une ogresse
-an -el -en -on -et -ot -at	doubler la consonne finale et encore y ajouter un -e. -an ➔ -anne -el ➔ -elle -en ➔ -enne -on ➔ -onne -et ➔ -ette -ot ➔ -otte -at ➔ -atte	un paysan ➔ une paysanne un colonel ➔ une colonelle un gardien ➔ une gardienne un baron ➔ une baronne un cadet ➔ une cadette un sot ➔ une sotte un chat ➔ une chatte	Ne pas doubler la consonne pour faire le féminin pour : un artisan ➔ une artisane un idiot ➔ une idiote un rat ➔ une rate un candidat ➔ une candidate un avocat ➔ une avocate
-f -p -c	remplacer la consonne finale et ajouter un -e -f ➔ -ve -p ➔ -ve -c ➔ -que	un veuf ➔ une veuve un loup ➔ une louve Frédéric ➔ Frédérique	un grec ➔ une grecque
-er	mettre un accent grave et ajouter un -e à la fin -er ➔ -ère	un fermier ➔ une fermière	
-eux	-eux ➔ -euse	un amoureux ➔ une amoureuse	
-eur	choisir entre trois terminaisons selon le sens. -eur ➔ -euse -eur ➔ -eresse -eur ➔ -oresse	un danseur ➔ une danseuse un pécheur ➔ une pécheresse un docteur ➔ une doctoresse	le meilleur ➔ la meilleure
-teur	choisir entre deux terminaisons selon le sens. -teur ➔ -teuse -teur ➔ -trice	un chanteur ➔ une chanteuse un opérateur ➔ une opératrice	
-eau	-eau ➔ elle	un jumeau ➔ une jumelle	

B. Le pluriel des noms

La bonne astuce ? C'est encore la dernière lettre du nom au singulier qui te permettra de trouver la règle adéquate pour la mise au pluriel !

RÈGLE GÉNÉRALE	ajouter un -s au nom → -s	un avion → des avions une poupée → des poupées une fille → des filles

SAUF si ton nom se termine au singulier par…

	Dans ce cas,…	Exemples	Exceptions
-s -x -z	il est invariable -s → -s -x → -x -z → -z	une souris → des souris un prix → des prix un nez → des nez	
-al	-al → -aux	un cheval → des chevaux	un bal → des bals un festival → des festivals un carnaval → des carnavals un chacal → des chacals un récital → des récitals un régal → des régals
-eu -au -eau	ajouter un -x -eu → -eux -au → -aux -eau → -eaux	un cheveu → des cheveux un tuyau → des tuyaux un manteau → des manteaux	un bleu → des bleus un pneu → des pneus un landau → des landaus un sarrau → des sarraus … et quelques autres mots rares.
-ou	ajouter un -s -ou → ous	un fou → des fous	Mettre un -x pour : un chou → des choux un bijou → des bijoux un hibou → des hiboux un genou → des genoux un caillou → des cailloux un joujou → des joujoux un pou → des poux
-ail	ajouter un -s -ail → ails	un détail → des détails	un bail → des baux un corail → des coraux un émail → des émaux un travail → des travaux un soupirail → des soupiraux un vitrail → des vitraux

6. Les cas particuliers pour le féminin des noms

Hé oui ! Cela fait bien longtemps que tu as compris que dans notre belle langue française, il y a beaucoup d'exceptions !

Pour le féminin des noms, tu vas en découvrir certains qui se transforment complètement, et d'autres qui ne changent pas du tout…

Regarde !

noms qui changent complètement	changement complet	un homme	→	une femme
		un parrain	→	une marraine
		un étalon	→	une jument
		un fils	→	une fille
		un dindon	→	une dinde
		un héros	→	une héroïne
		un mulet	→	une mule
		un roi	→	une reine
		un dieu	→	une déesse
		un gendre	→	une bru
		un bouc	→	une chèvre
		un cerf	→	une biche
		un jars	→	une oie
		un bélier	→	une brebis
		un sanglier	→	une laie
noms qui sont les mêmes au masculin et au féminin	pas de changement	un médecin	→	une médecin
		un ministre	→	une ministre
		…		

7. Les déterminants

Tu sais que les déterminants font partie de la classe des mots variables car leur forme peut changer. Ils varient, dans la plupart des cas, en genre et en nombre. Ils peuvent être composés d'un seul ou de plusieurs mots.

Tu peux classer les déterminants dans des familles différentes. Il existe :

→ Le déterminant **article défini**

Il introduit une personne ou une chose en particulier, il peut être contracté. Il s'accorde en genre et en nombre avec le nom qu'il introduit.

→ Le déterminant **article indéfini**

Il introduit un nom comme faisant partie d'un groupe. Il s'accorde en genre et en nombre avec le nom qu'il introduit.

→ Le déterminant **article partitif**

Il indique une partie d'un ensemble. Il ne désigne pas une quantité précise. Il s'accorde en genre et en nombre avec le nom qu'il introduit.

→ Le déterminant **possessif**

Il indique une idée d'appartenance. Il s'accorde en genre et en nombre avec le nom qu'il détermine.

→ Le déterminant **démonstratif**

Il indique que le nom qu'il introduit est présent. Il s'accorde en genre et en nombre avec le nom qu'il détermine.

→ Le déterminant **numéral**

Il indique le nombre précis d'êtres ou d'objets qu'il introduit.
Il peut être simple ou composé et est invariable sauf trois cas.

→ Le déterminant **interrogatif et exclamatif**

Ils ont la même forme. Ils introduisent un nom dans une interrogation, ou marque l'une des nuances de l'exclamation, de l'étonnement à l'indignation.
Ils s'accordent en genre et en nombre avec le nom qu'ils introduisent.

→ Le déterminant **indéfini**

Il indique, en général, une valeur indéterminée.
Il s'accorde en genre et en nombre avec le nom qu'il introduit.

8. Les déterminants articles

		Singulier		Pluriel
		Masculin	Féminin	Masculin ou Féminin
LES DÉTERMINANTS ARTICLES DÉFINIS	simples	**le** le chien	**la** la chaise	**les** les tableaux
	élidés	**l'** l'âne	**l'** l'horloge	
	contractés	à + le ➔ **au** téléphoner au restaurant de + le ➔ **du** le prix du pain		à + les ➔ **aux** les larmes aux yeux de + les ➔ **des** Parler des oiseaux
LES DÉTERMINANTS ARTICLES INDÉFINIS	simples	**un** Je regarde un garçon.	**une** Je regarde une fille.	**des** Je regarde des filles.
	élidés	**d'** Nous n'avons pas d'avion.	**d'** Tu n'as plus d'occasion.	**d'** Il n'y a plus d'arbitres
LES DÉTERMINANTS ARTICLES PARTITIFS	simples	**du** Il prend du thé.	**de la** Je mange de la crème.	**des** Nous regardons des animaux.
	élidés	**de l'** Il faut de l'espoir.	**de l'** J'ai de l'admiration.	

9. Les déterminants possessifs et démonstratifs

				Première personne	Deuxième personne	Troisième personne
LES DÉTERMINANTS POSSESSIFS	**un possesseur**	un objet	masculin	mon	ton	son
			féminin	ma	ta	sa
		plusieurs objets	masculin et féminin	mes	tes	ses
	plusieurs possesseurs	un objet	masculin et féminin	notre	votre	leur
		plusieurs objets	masculin et féminin	nos	vos	leurs

LES DÉTERMINANTS DÉMONSTRATIFS	Singulier	Masculin	ce, cet	Il prend ce jouet, il prend cet objet
		Féminin	cette	Je regarde cette fleur.
	Pluriel	Masculin	ces	Nous dessinons ces animaux.
		Féminin		

10. Les déterminants numéraux

(voir aussi p. 20)

				Déterminant	Exemple
LES DÉTERMINANTS NUMÉRAUX	Simples	Variables	Masculin	un	Je mange un biscuit.
			Féminin	une	Je lance une bille.
		Invariables	Masculin et féminin	Deux, trois, quatre, cinq, six, sept, huit, neuf, dix, onze, douze, treize, quatorze, quinze, seize, trente, quarante, cinquante, soixante, septante, nonante, mille	dix doigts de la main sept nains quarante voleurs
	Composés	Variables	Masculin et féminin	**Vingt et cent** prennent **s** quand ils sont multipliés et quand ils terminent le nombre.	quatre-vingts euros trois-cents bateaux
		Invariables	Masculin et féminin	Composé avec « **et** » ou par **un trait d'union**	trente-et-un ballons septante-quatre feuilles

11. Les déterminants interrogatifs et exclamatifs

LES DÉTERMINANTS INTERROGATIFS et EXCLAMATIFS	Singulier	Masculin	**quel**	Quel journal cherches-tu ? Quel enfant !
		Féminin	**quelle**	Quelle fille regardes-tu ? Quelle fleur magnifique !
	Pluriel	Masculin	**quels**	Quels musiciens as-tu choisis ? Quels dessins réussis !
		Féminin	**quelles**	Quelles chansons écoutes-tu ? Quelles tempêtes !

12. Les déterminants indéfinis

Le déterminant indéfini indique, en général, une valeur indéterminée concernant :

DÉTERMINANT INDÉFINI indiquant…	la quantité	plusieurs, quelques, chaque, divers, tout, nul
	la qualité	n'importe quel, quelconque, quelque
	la ressemblance	même, tel
	la différence	autre
	la négation	aucun, nul

13. Les adjectifs

Rappelle-toi : depuis plusieurs années, tu as rencontré à de nombreuses reprises les adjectifs ! Ils accompagnent un nom et forment avec lui (et son déterminant) un groupe nominal. L'adjectif varie, le plus souvent, en genre et en nombre et il qualifie le nom, c'est-à-dire qu'il lui donne une caractéristique.

On peut les classer en deux groupes :

1. Ceux qui suivent ou précèdent directement le nom

- Soit l'adjectif est directement à côté du nom, soit il est séparé du nom par une virgule. Il peut qualifier le nom en le précédant ou en le suivant.
  On dit alors qu'il joue le rôle d'épithète.
  Exemples : un beau chapeau, un chapeau bleu

- Lorsqu'il y a plusieurs adjectifs qui accompagnent un nom et que ceux-ci sont coordonnés, ils se placent généralement derrière le nom.
  Exemples : un regard doux et amoureux, un chapeau chaud et agréable
  Mais parfois on peut dire aussi : un doux et tendre compagnon.

- Lorsqu'il y a plusieurs adjectifs qui accompagnent un nom et que ceux-ci ne sont pas coordonnés, ils encadrent le nom.
  Exemples : un petit chat gris, un gros chapeau bleu

- Lorsqu' il y a un adjectif de couleur qui accompagne un nom, il se place derrière celui-ci.
  Exemples : un sac bleu, une fleur mauve

- Lorsque l'adjectif est séparé du nom par une virgule et est déplaçable dans la phrase, on dit qu'il est apposé.
  Exemple : Ce légume, cru, est immangeable.

2. Ceux qui qualifient un nom ou un pronom à distance.

- L'adjectif peut qualifier un nom ou un pronom à distance, par l'intermédiaire d'un verbe. On dit alors qu'il est attribut (il sert à attribuer une caractéristique au sujet ou au complément d'objet direct).

    Exemples : Cette fille est jolie. Elle me semble jolie.

- Il peut qualifier un nom ou un pronom à distance, sans intermédiaire, mais isolé par des virgules. On dit alors qu'il joue le rôle d'épithète détachée.

    Exemple : Jolie comme un cœur, cette fillette ressemble à sa mère.

En règle générale, l'adjectif s'accorde toujours en genre et en nombre avec le nom qu'il complète, qu'il qualifie.

14. Le féminin des adjectifs

Comme pour l'accord du nom, une bonne astuce vaut mieux qu'un grand discours ! C'est la dernière lettre de l'adjectif au masculin qui t'indique la règle à suivre pour l'accorder au féminin.

		Exemples		Exceptions	
Règle générale	➔ e	un feu ouvert un garçon idiot un pays lointain un prix compris le ciel bleu un regard amical un cheval têtu un niveau inférieur	➔ une fenêtre ouverte ➔ une fille idiote ➔ une terre lointaine ➔ une taxe comprise ➔ la mer bleue ➔ une main amicale ➔ une jument têtue ➔ une classe inférieure	favori rigolo gentil nul sot vieillot pâlot paysan	➔ favorite ➔ rigolote ➔ gentille ➔ nulle ➔ sotte ➔ vieillotte ➔ pâlotte ➔ paysanne

SAUF si ton adjectif se termine au masculin par…

		Exemples	Exceptions
-et -el -eil -en -on	Tu dois doubler la consonne finale et ajouter -e -et ➔ -ette -el ➔ -elle -eil ➔ -eille -on ➔ -onne -en ➔ -enne	un homme muet ➔ une femme muette un regard naturel ➔ une vue naturelle un animal pareil ➔ une bête pareille un bon repas ➔ une bonne table	(in)complet ➔ (in)complète concret ➔ concrète inquiet ➔ inquiète (in)discret ➔ (in)discrète secret ➔ secrète
-er	-er ➔ -ère	un son léger ➔ une musique légère un dernier jeu ➔ une dernière partie	

		Exemples	Exceptions
-teur	Tu choisis selon le sens -teur ➜ -teuse -teur ➜ -trice	un habit protecteur ➜ une personne protectrice un garçon menteur ➜ une fille menteuse un enfant créateur ➜ une artiste créatrice	
-gu	-gu ➜ -güe	un son aigu ➜ une tonalité aigüe	
-g	-g ➜ -gue	un long discours ➜ une longue discussion	
-x	-x ➜ -se	un ami jaloux ➜ une amie jalouse un chat heureux ➜ une chatte heureuse	doux ➜ douce roux ➜ rousse faux ➜ fausse
-s	-s ➜ -se	un objet gris ➜ une surface grise	gras ➜ grasse gros ➜ grosse épais ➜ épaisse bas ➜ basse las ➜ lasse métis ➜ métisse
-f	-f ➜ -ve	un homme veuf ➜ une femme veuve un jouet neuf ➜ une guitare neuve	
-c	-c ➜ -che	un habit blanc ➜ une robe blanche	public ➜ publique caduc ➜ caduque turc ➜ turque grec ➜ grecque
-e	e ➜ e	un garçon calme ➜ une fille calme	

LES CAS IRRÉGULIERS

- tiers ➜ tierce
- frais ➜ fraiche
- beau ➜ belle
- jumeau ➜ jumelle
- nouveau ➜ nouvelle

- fou ➜ folle
- mou ➜ molle
- malin ➜ maligne
- bénin ➜ bénigne

15. Le pluriel des adjectifs

La dernière lettre de l'adjectif au singulier t'indique le chemin à suivre pour bien l'accorder !

Règle générale	➔ s	un cheveu fin ➔ des cheveux fins un enfant têtu ➔ des enfants têtus un bon résultat ➔ des bons résultats

SAUF si ton adjectif se termine au singulier par…

		Exemples	Exceptions
-eu -ou	-eu ➔ -eus -ou ➔ -ous	un objet bleu ➔ des objets bleus un chien fou ➔ des chiens fous	hébreu ➔ hébreux
-eau	-eau ➔ -eaux	un beau paysage ➔ des beaux paysages	
-s -x	-s ➔ -s -x ➔ -x	un livre épais ➔ des livres épais un chat gris ➔ des chats gris un faux papier ➔ des faux papiers un enfant peureux ➔ des enfants peureux	
-al	-al ➔ -aux	un défi national ➔ des défis nationaux un garçon génial ➔ des garçons géniaux un centre local ➔ des centres locaux	fatal ➔ fatals natal ➔ natals naval ➔ navals bancal ➔ bancals banal ➔ banals

L'ADJECTIF D'ORIGINE ÉTRANGÈRE

Il est seul ➔ il est **invariable** ➔ auburn, albinos, groggy, kaki, kitsch, zen, etc.

16. L'accord de l'adjectif de couleur

Ton adjectif est une couleur et est…

seul.	**Tu dois l'accorder en genre et en nombre.**	des robes rouges	
seul et il provient d'un nom.	**invariable**	des robes marron des jupes cerise des fruits orange	**EXCEPTIONS** Ceux-ci s'accordent mauve ➜ des robes mauves écarlate ➜ des fenêtres écarlates rose ➜ des fleurs roses pourpre ➜ des tissus pourpres
composé de plusieurs mots.	**invariable**	des objets vert pâle	
composé de plusieurs adjectifs.	**invariable et un trait d'union**	des reflets bleu-vert	

17. L'accord de l'adjectif numéral

Ton adjectif est un nombre et…

il est seul ➜ **invariable** ➜ les douze bandits

18. L'accord des adjectifs « grand », « demi », « semi », « nu » et « mi »

Ton adjectif est...

grand →	Il s'accorde au pluriel s'il est suivi d'un nom au pluriel.	une grand-mère → des grands-mères un grand-père → des grands-pères

Ton adjectif est NU, DEMI, MI, SEMI, et ...

il est devant le nom.	Il est invariable et il faut mettre un trait d'union.	Ils sont nu-têtes. des demi-heures
il est derrière le nom.	Il s'accorde en genre et en nombre. Mais attention « demi » ne varie qu'en genre.	deux heures et demie les pieds nus

19. Les pronoms

Pas simple d'éviter les répétitions quand tu rédiges un texte ! Ton allié dans les moments difficiles : le pronom ! Celui-ci remplace un nom ou un groupe nominal.

- Le pronom remplace un mot, un groupe de mots ou une phrase, pour éviter une répétition.

    Exemples : un nom → As-tu vu mon livre ? Il se trouve sur la table.
    un adjectif → Faibles, ils le sont tous mais pas à ce point.
    une proposition → Qu'il soit amoureux d'elle. Je ne le crois pas.

- Il peut aussi désigner la personne qui parle, ou dont on parle sans la nommer.
- Le pronom s'accorde en genre et en nombre avec le nom qu'il remplace.

    Exemple : Où se trouvent Karim et Jean ? Ils se trouvent à la maison.

- Le pronom « le » de la troisième personne est neutre quand il remplace un adjectif ou une proposition.

    Exemple : S'il vous demande pardon, faites-le moi savoir.

PRONOMS	PERSONNELS	: le, la, les, lui, leur, je, tu, il...
	POSSESSIFS	: le mien, les tiennes, la leur...
	DÉMONSTRATIFS	: ceux-là, celui-là, celle-ci...
	INDÉFINIS	: chacun, quelques-uns...
	INTERROGATIFS	: lequel, auquel, qui, quoi...
	RELATIFS	: lequel, ce dont, dont...
PRONOM	IMPERSONNEL	: il pleut, il faut

20. Les pronoms personnels

Le pronom personnel, tu le connais mieux que personne ! Souviens-toi…

- Le pronom personnel permet surtout d'éviter les répétitions.
- Le pronom personnel désigne les personnes de la communication :
  - → la 1re personne, la personne qui parle : je, nous
  - → la 2e personne, la personne à qui l'on parle : tu, vous
  - → la 3e personne, la personne ou la chose dont on parle : il(s), elle(s), on, en, y.

Exemples : Le gardien de but est vigilant. = Il est vigilant.
Quelques spectateurs discutent du match. = Ils en discutent.
L'arbitre retourne sur le terrain. = Il y retourne.

Pronoms personnels			Pronoms personnels réfléchis*
je	me	m'	me, moi
tu	te	t'	te, toi
il, elle, on	le, la, l'	lui	se, lui, elle, soi
nous	nous	nous	nous
vous	vous	vous	vous
ils, elles	les	leur	se, eux, elles

* Attention, n'oublie pas que le pronom réfléchi représente la même personne que le sujet. Il se note comme suit : me, te, se, nous… Le pronom réfléchi se trouve dans la conjugaison des verbes pronominaux.

Exemples : Les enfants se baignent. (verbe « se baigner »)
Nous nous regardons dans le miroir !(verbe « se regarder »)

Il y a aussi deux petits pronoms qui ne se retrouvent pas ci-dessus, mais qui sont des pronoms personnels, ne les oublie pas: **y** et **en**.

Lorsque tu pronominalises un groupe nominal introduit par un déterminant article, tu utilises alors un pronom personnel.

Exemples : Je mange des bonbons. → J'en mange.
Sabine et toi lancez les cailloux dans l'eau. → Sabine et toi les y lancez.

21. Les pronoms démonstratifs

Le pronom démonstratif est utilisé pour désigner un être ou une chose que l'on montre.

Les pronoms des monstres hâtifs ? Pourquoi pas !

> Exemples : Je voudrais tes poupées. Prends celles de ma sœur.
> Celui qui parle n'est jamais venu ici.

Les pronoms démonstratifs neutres sont toujours INVARIABLES et désignent un être ou une chose connue par le contexte, ils sont souvent accompagnés d'un geste.

> Exemples : Nous n'aimons pas cela.
> Ça m'intéresse.

Neutres	Singulier (masculin et féminin)	Pluriel (masculin et féminin)
ce	celui	ceux
ça	celle	celles
c'	celui-ci	ceux-ci
ceci	celle-ci	celles-ci
cela	celui-là	ceux-là
	celle-là	celles-là

Pour te rappeler le pronom démonstratif, pense qu'il peut désigner quelque chose que l'on montre du doigt. Dans un texte, il peut désigner quelque chose qui a déjà été présenté.

Lorsque tu pronominalises un groupe nominal introduit par un déterminant démonstratif, tu utilises alors un pronom démonstratif.

> Exemples : C'est cette pomme qu'il a mangée.
> C'est **celle-là** qu'il a mangée.
> **celle-ci**
> J'hésite entre ce bouquet de fleurs et cette plante.
> J'hésite entre **celui-ci** ou **celle–là**.

22. Les pronoms possessifs

Cette victoire, c'est la nôtre ! Mais oui, puisque tu les connais sur le bout des doigts, les pronoms possessifs.

- Le pronom possessif est un pronom qui accentue la propriété de quelqu'un, il peut être renforcé par le mot propre.

> Exemple : Lors d'un jeu dans la cour de récréation, Jean a gagné beaucoup de billes. Ce sont maintenant les siennes.

- Le pronom possessif s'accorde en genre et en nombre avec le nom qu'il représente.

    Exemple : Ma voiture est grande, mais la sienne est jolie.

NE CONFONDS PAS LE DÉTERMINANT ET LE PRONOM.

Le déterminant possessif ne prend pas d'accent.	Le pronom possessif prend un accent circonflexe sur le ô.
Exemples : notre cerf-volant votre cerf-volant	le nôtre le vôtre

Lorsque tu pronominalises un groupe nominal introduit par un déterminant possessif, tu utilises alors un pronom possessif.

Exemples : C'est avec sa raquette que j'ai appris à jouer au tennis.
C'est avec la sienne que j'ai appris à jouer.
Nous avons nos poupées et ils ont leurs petites voitures.
Nous avons les nôtres et ils ont les leurs.

23. Les pronoms interrogatifs

Le pronom interrogatif sert à poser une question, à interroger !

   Exemples : Qui est-ce ? Laquelle faut-il choisir ? À qui parles-tu ?
   Que faites-vous demain ?

Il pose une question à propos des êtres et des choses dont tu parles ou dont tu vas parler dans ta réponse.

   Exemples : Quel chanteur préfères-tu ? Lequel préfères-tu ? De qui parle-t-on ?

Neutres	Féminin (singulier, pluriel)	Masculin (singulier, pluriel)
Qui ? Que ? Quoi ?	Laquelle ? Lesquelles ? Auxquelles ? Desquelles ?	Lequel ? Auquel ? Duquel ? Lesquels ? Auxquels ? Desquels ?

Lorsque tu pronominalises un groupe nominal introduit par un déterminant interrogatif, tu utilises alors un pronom interrogatif.

Exemples : Quel livre choisis-tu ?
Lequel choisis-tu ?
Avec quels outils travaillez-vous ?
Avec lesquels travaillez-vous ?

24. Les pronoms numéraux

Depuis très longtemps, tu utilises les nombres… et pas seulement pour les mathématiques !

Le pronom numéral remplace un groupe nominal composé d'un déterminant numéral et d'un nom. Il désigne avec précision une quantité.

> Exemples : J'ai acheté cinq ananas. ➔ J'en ai acheté cinq.
> Je mange tous les jours deux fruits. ➔ J'en mange deux.

> **Lorsque tu pronominalises un groupe nominal introduit par un déterminant numéral, tu utilises alors un pronom numéral pour ce qui concerne le nombre et parfois un pronom personnel pour remplacer le nom.**
>
> Exemples : Je fais trois sauts périlleux.
> J'en fais trois.
>
> J'attends cinquante invités mais seulement trente personnes sont arrivées.
> J'en attends cinquante mais seulement trente sont arrivées.
> Pr. pers.   Pr. num.

25. Les pronoms indéfinis

« Certains ont organisé un gouter. »… Mmh ! Bonne idée… même si cela ne définit pas précisément quelles personnes ni combien elles étaient. Tu vois, dans cette phrase, « certains » est un pronom indéfini. Il remplace un groupe nominal. Le pronom indéfini désigne un être ou une chose en donnant, parfois, une idée assez vague concernant la quantité.

> Exemple : Quelques-uns veulent imiter les chanteurs, personne ne les égale.

Les formes du pronom indéfini sont souvent proches de celles du déterminant indéfini.

> Exemples : Tous les enfants veulent participer au concours.
> Tous veulent participer au concours.
>
> Beaucoup de chansons sont présentées.
> Beaucoup sont applaudies.

Invariables	
personne	n'importe quoi
nul	beaucoup
on	rien
autrui	tout
la plupart	quoi que ce soit
plusieurs	n'importe quoi
d'aucun	autre chose
quiconque	quelque chose
qui que ce soit	…

Variables	
ni l'un(e), ni l'autre, ni les un(e)s, ni les autres,	quelqu'un d'autre, quelques autres
nul, nulle, nuls, nulles	l'autre, les autres…
aucun, aucune, aucun(e)s	plus d'un(e)
pas un(e)	chacun(e)
l'un… l'autre, l'une l'autre, les un(e)s… les autres…	tous – toutes
la même, le même, les mêmes…	certain, certaine, certaines, certains

Lorsque tu pronominalises un groupe nominal introduit par un déterminant indéfini, tu utilises alors un pronom indéfini.

Exemples : Chaque enfant a des droits.
Chacun en a.

Quelques enfants ne partent pas en classes de mer.
Quelques-uns ne partent pas en classes de mer.

D'autres éléments ont permis de les arrêter.
D'autres ont permis de les arrêter.

Quelques pronoms indéfinis ne correspondent à aucun déterminant : autrui, personne, rien…

26. Les mots-liens

Quel dilemme ! Quand tu composes un texte, soit tu fais des phrases trop courtes, soit elles sont interminables… Pas simple de trouver le « juste milieu »…

Quand tu souhaites exprimer plusieurs idées dans une même phrase, pense à les relier par un mot-lien.

Par exemple, tu n'écriras pas : « Je n'aime pas la boxe. Je n'aime pas la natation. » mais plutôt « Je n'aime ni la boxe ni la natation. »

- Le mot-lien permet d'introduire ou de relier différents éléments d'une phrase.

- Il est placé devant ce qu'il introduit ou ce qu'il relie.

- Le mot-lien peut être simple (formé d'un seul élément) ou composé (formé de plusieurs éléments).

Exemples : à, de, pour, sur, mais, ou, puis, devant, malgré, cependant, que,…

27. Les mots invariables

À notre époque, tout va si vite! Tout change, tout se transforme, tout évolue… Tout ? Non !
En français, il existe de nombreux mots qui ne varient jamais : ce sont les mots invariables.
Que la phrase soit au singulier ou au pluriel, au masculin ou au féminin, ces mots invariables ne changent jamais.

> Exemples : Jean-Claude court vite.
> La voiture démarre vite.
> Les jeunes patientes sont vite prises en charge.

Les mots invariables peuvent avoir les natures suivantes :

- des adverbes : vite, abondamment, demain, gentiment, ensuite…

- des prépositions : contre, par, devant, comme, malgré, à, de…

- des interjections et des onomatopées : elles peuvent être utilisées seules. Elles manifestent alors une attitude ou une réaction affective, une émotion ou elles permettent d'évoquer des bruits (des onomatopées). Elles sont généralement suivies par un point d'exclamation.

Ah ! Bof ! Cocorico ! Hi-han ! Hello ! Youpi ! Zut ! Allô! Plouf ! Hélas ! Pan! Bang !

28. Les adverbes

Dans une phrase, tu découvres parfois des petits mots invariables qui te permettent de compléter ou de préciser le sens d'un verbe, d'un adjectif ou d'un autre adverbe.
Ces petits mots sont des adverbes.

L'adverbe est un mot invariable qui accompagne, en lui donnant une précision, soit un adjectif, soit un verbe, soit un autre adverbe, soit une phrase pour en préciser le sens.

- L'adverbe peut être complément de phrase, il complète ou précise le verbe.
  > Exemple : J'ai roulé prudemment. Il n'était jamais là.

- L'adverbe peut être complément d'un autre adverbe ou d'un adjectif.
  > Exemples : Il est parti très vite.
  > Sa robe est trop moche.

- L'adverbe peut lier deux éléments, il joue le rôle d'un mot-lien.
  > Exemples : Sais-tu pourquoi nous sommes ici ?
  > Le moteur s'arrête, puis il repart.

→ L'adverbe peut être simple (formé d'un seul élément) : ailleurs, bien, encore, hier, maintenant, longtemps, précisément…

→ L'adverbe peut être composé (formé de plusieurs éléments) : à propos, à tort et à travers, ci-contre, beaucoup de…

Les nuances de l'adverbe

L'adverbe donne aussi différents renseignements :

- **Manière** : bien, comment, ensemble, vite, volontiers, **et beaucoup d'adverbes en -ment comme** gentiment, violemment, suffisamment, prudemment, tardivement…

- **Temps** : alors, aujourd'hui, autrefois, à l'instant, bientôt, souvent, encore, hier, longtemps, maintenant, demain, aussitôt, parfois, ensuite, toujours…

- **Lieu** : dehors, devant, ici, là, ailleurs, loin, derrière…

- **Affirmation** : si, oui, d'accord, assurément, certainement…

- **Négation** : personne, non, aucunement, jamais, ne…pas, ne…plus, ne…jamais, ne…guère, ne…point…

29. L'orthographe des adverbes

Hé oui ! Encore des règles… la langue française en est truffée !
Découvre celles de la formation des adverbes dans le tableau qui suit.

Ton adjectif masculin se termine par…

une consonne ou par « e » et fait partie des cas particuliers.	➔ **ément**	commun ➔ communément aveugle ➔ aveuglément précis ➔ précisément énorme ➔ énormément profond ➔ profondément immense ➔ immensément		
ent ou ant.	ent ➔ **emment** ant ➔ **amment** **On doit entendre [amã].**	abondant ➔ abondamment fréquent ➔ fréquemment bruyant ➔ bruyamment patient ➔ patiemment suffisant ➔ suffisamment négligent ➔ négligemment méchant ➔ méchamment prudent ➔ prudemment		
une voyelle	Ajouter « ment »	goulu ➔ goulument faible ➔ faiblement juste ➔ justement utile ➔ utilement rare ➔ rarement poli ➔ poliment grave ➔ gravement	traitre ➔ traitreusement gai ➔ gaiement ou gaiment
une consonne.	Ajouter « ment » à l'adjectif au féminin.	nul (nulle) ➔ nullement frais (fraiche) ➔ fraichement fort (forte) ➔ fortement jaloux (jalouse) ➔ jalousement lent (lente) ➔ lentement actif (active) ➔ activement	gentil ➔ gentiment bref ➔ brièvement

30. Les verbes

Tu rencontres des verbes tous les jours… Souviens-toi de ceci…

> Un verbe est un mot qui désigne une action ou un état.
> Un verbe est composé de deux parties :
> **Le radical et la terminaison**
>
> Exemples : Mang-er   Fin-ir   pouv-oir

→ Tu peux conjuguer un verbe, tu dois l'accorder avec son sujet. C'est la terminaison qui changera en fonction de la personne (sujet) et du temps.

→ Le verbe est le mot principal, le centre du groupe verbal.

31. Les verbes d'action et les verbes d'état

Essaie de mimer le verbe « chanter »… Facile, tout le monde l'a deviné.
Et maintenant mime le « verbe être »… Plus difficile, non ?

> **Les verbes d'action sont les verbes que tu peux mimer, que tu peux « faire ».**
>
> Exemples : chanter, chatouiller, manger…
>
> **Les verbes d'état sont les verbes que tu ne peux pas mimer.**
>
> En voici les principaux : être, sembler, devenir, paraitre, avoir l'air, demeurer, passer pour, rester…

32. Les verbes impersonnels

« Il neige ! » Connais-tu ce « il » qui se permet de faire la pluie et le beau temps ? Non ! En effet, « neiger » est un verbe impersonnel.

Un verbe impersonnel est, comme son nom l'indique, un verbe qui ne représente aucune personne. Il ne se conjugue qu'à la 3e personne du singulier (il) mais ne remplace ni rien ni personne.

Exemples : Il pleut. Il fait froid.

33. Les personnes de la conjugaison

Pour conjuguer, tu utilises des personnes différentes.

Il y en a six : trois au singulier et trois au pluriel.

JE (1re p. sg.), celle qui parle   **NOUS** (1re p. pl.)

TU (2e p. sg.), celle à qui tu parles   **VOUS** (2e p. pl.)

IL/ELLE/ON (3e p. sg.), la personne ou l'objet dont on parle   **ILS/ELLES** (3e p. pl.)

> Voici des exemples à ne pas oublier !
> Les filles = elles
> Toi et moi = nous
> Ma sœur et toi = vous
> Moi = je
> Ce chien = il

34. Les groupes de verbes

Dans la conjugaison française, tu peux classer les verbes en trois groupes en fonction de leurs terminaisons à l'infinitif.

- 1er groupe : les verbes se terminant par **-ER**.
    Exemples : chanter, manger, parler, travailler... SAUF aller.

- 2e groupe : les verbes du 2e groupe ont cette particularité :
    → ils se terminent par **-IR**.
    → leur participe présent finit par **-ISSANT**.
        Exemples. : finir (en finissant), grandir (en grandissant), maigrir (en maigrissant)...

- 3e groupe : tous les autres verbes.
    → Les verbes se terminant en **-OIR** comme voir.
    → Les verbes se terminant en **-RE** comme rendre.
    → Les verbes se terminant en **-IR** (dont le participe passé se termine par – ANT) comme tenir (en tenant).

35. Les auxiliaires

Pour construire les temps composés, tu as besoin des auxiliaires. Quels sont-ils ?

> **Il y en a deux : avoir et être.**
> **On les utilise dans la construction des temps composés**
> (chap. 48 et 49, p. 36).
> **Ils sont accompagnés d'un participe passé.**
>
> Exemples : Ils ont chanté toute la nuit. Nous sommes partis en vacances.
>   aux. pp   aux.   pp

Leur conjugaison est particulière.

Avoir et être sont aussi des verbes quand ils sont employés seuls.

    Exemples : Ils ont des bonbons. Ils sont à l'école.

36. Les modes

Les modes te permettent d'exprimer différentes nuances de la langue à partir du même verbe. Regarde…

On compte 6 modes :

→   l'indicatif qui exprime la réalité.
       Exemple : Ils partaient à l'école.

→   l'impératif qui exprime un ordre ou un conseil.
       Exemple : Va à l'école !

→   le conditionnel qui exprime une condition, un espoir.
       Exemple : J'aimerais qu'il aille à l'école.

→   le subjonctif qui exprime un souhait, une hypothèse.
       Exemple : Qu'il guérisse est mon plus grand souhait.

→   L'infinitif. Il n'indique ni personne, ni mode.
       C'est la forme du verbe de base. Il ne se conjugue pas.
       Exemple : Partir, boire, emmener…

→   Le participe. Il existe le participe présent et le participe passé.
       Exemples : Rigolant comme un fou, je suis parti en ville.
                 Tu as bu toute l'eau. Vous les avez emmenés dehors.

37. Les temps

Comme les grains d'un sablier perpétuel, le temps s'écoule sans s'arrêter…

Pour t'exprimer, tu as besoin de situer tes actions dans le temps ; ce que j'ai accompli (le passé), ce que j'effectue en ce moment (le présent) et ce que je réaliserai bientôt (le futur).

Une action peut se passer :

- au passé (avant, hier, il y a longtemps…)
- au présent (aujourd'hui, maintenant…)
- au futur (demain, dans quelques jours…)

Il existe 8 temps :

➔ **1 temps pour exprimer le présent**, le moment de l'énonciation : le présent
    Exemple : l'indicatif présent ➔ Je joue à la balle.

➔ **5 temps pour exprimer le passé**, avant le moment de l'énonciation :
    le passé composé, l'imparfait, le plus-que-parfait, le passé simple et le passé antérieur.

    Exemples : indicatif passé composé ➔ J'ai joué à la balle.
                indicatif imparfait ➔ Je jouais à la balle.
                indicatif plus-que-parfait ➔ J'avais joué à la balle.
                indicatif passé simple ➔ Je jouai à la balle.
                indicatif passé antérieur ➔ J'eus joué à la balle.

➔ **2 temps pour exprimer le futur**, après le moment de l'énonciation :
    le futur simple et le futur antérieur.

    Exemples : indicatif futur simple ➔ Je jouerai à la balle.
              indicatif futur antérieur ➔ J'aurai joué à la balle.

38. Les temps simples et les temps composés

Un petit changement de temps, ça peut parfois faire une sacrée différence !

Si je raconte : « Hier, quand Rosalie est arrivée, je mangeais les framboises. », ce n'est pas le même chose que si je dis : « Hier, quand Rosalie est arrivée, j'avais mangé les framboises. »… Compris, les gourmand(e)s ? Pourtant, il n'y a qu'une toute petite différence de temps entre les deux phrases…

Oui, la langue française te permet de t'exprimer de manière très complète, avec beaucoup de nuances, et c'est une chance.

Pour que tu puisses jongler avec les temps, il existe des « temps simples » et des « temps composés ». En effet, ton verbe peut s'écrire en un seul mot (il est alors conjugué à un temps simple) ou en plusieurs mots (c'est qu'il est conjugué à un temps composé).

TEMPS SIMPLES	EXEMPLES	TEMPS COMPOSÉS	EXEMPLES
INDICATIF		**INDICATIF**	
Présent	Je joue au ballon.	Passé composé	J'ai joué au ballon.
Imparfait	Je jouais au ballon.	Plus-que-parfait	J'avais joué au ballon.
Passé simple	Je jouai au ballon.	Passé antérieur	J'eus joué au ballon.
Futur simple	Je jouerai au ballon.	Futur antérieur	J'aurai joué au ballon.
CONDITIONNEL		**CONDITIONNEL**	
Présent	Je jouerais au ballon.	Passé	J'aurais joué au ballon.
SUBJONCTIF		**SUBJONCTIF**	
Présent	que je joue au ballon	Passé	que j'aie joué au ballon
IMPÉRATIF		**IMPERATIF**	
Présent	Joue au ballon!	Passé	Aie joué au ballon!
PARTICIPE		**PARTICIPE**	
Présent	jouant	Passé	Ayant joué
INFINITIF		**INFINITIF**	
Présent	jouer	Passé	Avoir joué

La difficulté principale des temps composés est l'accord du participe passé.
(voir chap. 51 p. 37)

39. Les voix active et passive

Dans les faits divers, tu trouveras beaucoup de verbes écrits à la voix passive.

Dans une phrase à la voix passive aux temps simples, les verbes sont composés de 2 mots et aux temps composés de 3 mots.

> Exemples : La souris est mangée par le chat. (présent)
> La souris sera mangée par le chat. (futur)
> La souris a été mangée par le chat. (passé)

> **On peut conjuguer un verbe à la voix active. Le sujet fait l'action.**
>
> Exemple : La police recherche les bandits. (Le verbe est au présent.)
>
> **On peut aussi les conjuguer à la voix passive. Le sujet subit l'action. Dans ce cas, il est possible que le verbe soit composé de trois parties.**
>
> Exemples : Les bandits sont recherchés par la police.
> (Le verbe est au présent de la voix passive.)
>
> Les bandits ont été recherchés par la police.
> (Le verbe est au passé composé de la voix passive.)
> Voir partie II, chap. 2. Les types et formes de phrases, p. 2)

40. Les tableaux de construction des conjugaisons

On pourrait écrire des livres entiers rien que sur la conjugaison des verbes... Comment s'y retrouver ?

Pour t'aider à conjuguer sans erreur la plupart des verbes, consulte régulièrement les tableaux qui suivent. Ceux-ci t'expliqueront comment construire tes formes verbales au départ des radicaux, en y ajoutant les terminaisons adéquates.

Bonne découverte !

TEMPS SIMPLES	TEMPS COMPOSÉS
Indicatif présent	Indicatif passé composé
Indicatif imparfait	Indicatif plus-que-parfait
Indicatif passé simple	Indicatif futur antérieur
Indicatif futur simple	Indicatif passé antérieur
Conditionnel présent	
Subjonctif présent	
Impératif présent	

41. L'indicatif présent (temps simple)

Exemples : Aimer → J'aime
Grossir → Tu grossis
Rire → Nous rions

Personne	1er groupe comme chanter	2e groupe comme finir (-issant)	3e groupe
1 p. sg. - JE	-e	-is	-e, s, x, ds
2 p. sg. - TU	-es	-is	-s, x, ds
3 p. sg. – IL, ELLE, ON	-e	-it	-e, t, d
1 p. pl. - NOUS	-ons	-ons	-ons
2 p. pl. - VOUS	-ez	-ez	-ez
3 p. pl. – ILS, ELLES	-ent	-ent	-ent, ont

→ **Attention** : les verbes dire et faire se conjuguent autrement à la 2e personne du pluriel. Vous DITES et vous FAITES.

→ Pour les verbes en -ayer (comme payer), tu peux garder le « y » dans toute la conjugaison. Si tu souhaites remplacer l'« y » par le « i », tu ne peux le faire que s'il est devant un « e » muet.

La nouvelle orthographe autorise une orthographe différente pour les verbes en -eler, -eter…

- **Verbes à finale en –eler : type appeler**

  Exemple : J'appelle - Nous appelons

  Les verbes en –eler doublent la consonne « l » devant un « e » muet uniquement pour appeler et rappeler

- **Verbes à finale en –eler : type peler**

  Exemple : Je pèle - Nous pelons

  Les verbes prennent un accent grave sur le « e ».

  Autres verbes courants du même type : étinceler, ficeler, renouveler, congeler, geler, dégeler, modeler…

- **Verbes à finale en -eter : type jeter**

  Exemples : Je jette - Nous jetons
  Les verbes en –eter doublent la consonne « t » devant un « e » muet uniquement pour les verbes jeter, rejeter et projeter.

- **Verbes à finale en -eter : type acheter**

    Exemples : J'achète - Nous achetons
    Ces verbes prennent un accent grave sur le « e ».
    Autres verbes courants du même type : crocheter, racheter, haleter, cacheter, empaqueter, épousseter, étiqueter, feuilleter...

- **Verbes à finale en -emer (semer), -ener (mener), -eser (peser), -ever (relever) : type élever**

    Exemple : J'élève - Nous élevons

    Le « e » devient « è » devant une syllabe muette.

- **Verbes à finale en -er : type espérer**

    Exemple : J'espère - Nous espérons

    Le « e » devient « è » devant une syllabe muette.

    Autres verbes courants du même type : accélérer, aérer, céder, célébrer, compléter, dépoussiérer, dérégler, dessécher, digérer, espérer, exagérer, inquiéter, libérer, opérer, pénétrer, posséder, préférer, régler, régner, repérer, répéter, sécher.

42. L'indicatif imparfait (temps simple)

Exemples : Aimer → J'aimais
Grossir → Tu grossissais
Rire → Nous riions

Personne	1er groupe comme chanter	2e groupe comme finir (-issant)	3e groupe
1 p. sg. - JE	-ais	-ais	-ais
2 p. sg. - TU	-ais	-ais	-ais
3 p. sg. – IL, ELLE, ON	-ait	-ait	-ait
1 p. pl. - NOUS	-ions	-ions	-ions
2 p. pl. - VOUS	-iez	-iez	-iez
3 p. pl. – ILS, ELLES	-aient	-aient	-aient

→ Pour les verbes en –yer ou –ier, il ne faut pas oublier le « i » après le « y » dans les terminaisons de l'imparfait.

→ **Attention** : pour les verbes en –eindre, -aindre et –oindre, les –ein, -ain et –oin deviennent – eign, aign et oign.

Exemples : peindre - ils peignaient   craindre – nous craignions
joindre – vous joigniez

43. L'indicatif passé simple (temps simple)

Exemples : Aimer ➜ J'aimai
Grossir ➜ Tu grossis
Rire ➜ Nous rîmes

Personne	1er groupe comme chanter	2e groupe comme finir (-issant)	3e groupe
1 p. sg. - JE	-ai	-is	-is, us, ins
2 p. sg. - TU	-as	-is	-is, us, ins
3 p. sg. – IL, ELLE, ON	-a	-it	-it, ut, int
1 p. pl. - NOUS	-âmes	-îmes	-îmes, ûmes, înmes
2 p. pl. - VOUS	-âtes	-îtes	-îtes, ûtes, întes
3 p. pl. – ILS, ELLES	-èrent	-irent	-irent, urent, inrent

➜ **Attention** : pour les verbes en -eindre, -aindre et -oindre, les -ein, -ain et -oin deviennent -eign, -aign et -oign.

Exemples : peindre – ils peignirent
craindre – nous craignîmes
joindre – vous joignîtes

44. L'indicatif futur simple (temps simple)

Exemples : Aimer ➜ J'aimerai
Grossir ➜ Tu grossiras
Rire ➜ Nous rirons

Personne	1er groupe comme chanter	2e groupe comme finir (-issant)	3e groupe
1 p. sg - JE	-rai	-rai	-rai
2 p. sg. - TU	-ras	-ras	-ras
3 p. sg - IL, ELLE, ON	-ra	-ra	-ra
1 p. pl. - NOUS	-rons	-rons	-rons
2 p. pl. - VOUS	-rez	-rez	-rez
3 p. pl. - ILS, ELLES	-ront	-ront	-ront

➜ **Attention** :! Les verbes acquérir, mourir, courir, envoyer, voir, pouvoir prennent deux r au futur (rrai ; rras ; rra ; rrons ; rrez ; rront).

➜ Pour les verbes du 1er groupe, n'oublie pas le « e ».
Exemples : Je chanterai.

45. Le conditionnel présent (temps simple)

Exemples : Aimer ➔ J'aimerais
Grossir ➔ Tu grossirais
Rire ➔ Nous ririons

Personne	1er groupe comme chanter	2e groupe comme finir (-issant)	3e groupe
1 p. sg. - JE	-rais	-rais	-rais
2 p. sg. - TU	-rais	-rais	-rais
3 p. sg. - IL, ELLE, ON	-rait	-rait	-rait
1 p. pl. - NOUS	-rions	-rions	-rions
2 p. pl. - VOUS	-riez	-riez	-riez
3 p. pl. - ILS, ELLES	-raient	-raient	-raient

➔ **Attention** : Les verbes acquérir, mourir, courir, envoyer, voir, pouvoir prennent deux r au conditionnel (rrais ; rrais ; rrait ; rrions ; rriez ; rraient).

➔ Pour les verbes du 1er groupe, n'oublie pas le « e ».
Exemple : Je chanterais.

46. Le subjonctif présent (temps simple)

Exemples : Aimer ➔ Que j'aime
Grossir ➔ Que tu grossisses
Rire ➔ Que nous riions

Personne	1er groupe comme chanter	2e groupe comme finir (-issant)	3e groupe
1 p. sg. - JE	-e	-e	-e
2 p. sg. - TU	-es	-es	-es
3 p. sg. - IL, ELLE, ON	-e	-e	-e
1 p. pl. - NOUS	-ions	-ions	-ions
2 p. pl. - VOUS	-iez	-iez	-iez
3 p. pl. - ILS, ELLES	-ent	-ent	-ent

➔ Commence toutes tes phrases par « il faut que… ». Cela t'aidera à trouver le subjonctif présent.
Exemple : Il faut que je dorme.

→ **Attention** : pour les verbes en –eindre, -aindre et –oindre, les –ein, -ain et –oin deviennent – eign, aign et oign.

> Exemples : peindre – Qu'ils peignent leur maison m'étonne.
> Craindre – Que nous craignions ce monstre est normal.
> Joindre – Que vous vous joigniez à nous est sympathique.

→ Pour les verbes en –yer ou –ier, il ne faut pas oublier le « i » après le « y » dans les terminaisons du subjonctif.

47. L'impératif présent (temps simple)

> Exemples : Aimer → Aime
> Grossir → Grossis
> Rire → Rions

Personne	1er groupe comme chanter	2e groupe comme finir (-issant)	3e groupe
1 p. sg. - JE	/	/	/
2 p. sg. - TU	-e	-s	-s
3 p. sg. - IL, ELLE, ON	/	/	/
1 p. pl. - NOUS	-ons	-ons	-ons
2 p. pl. - VOUS	-ez	-ez	-ez
3 p. pl. - ILS, ELLES	/	/	/

→ Il n'y a que 3 personnes dans la conjugaison de l'impératif : 2e p. sg., 1e p. pl. et 2e p. pl. Effectivement, on ne peut donner un ordre ou un conseil qu'à la personne à qui nous parlons (cela ne peut pas être il ou ils) et on ne se donne pas d'ordre à soi-même (cela ne peut pas être je).

→ Les verbes en –dre prennent –ds à la 2e p. sg. Exemple : prendre → Prends. ... sauf les verbes en -indre et -soudre. Exemple: craindre → Crains.

→ Manger → Manges-en.   Cueillir → Cueilles-en.
Le « s » rajouté permet de faire la liaison.

ATTENTION
Pour les temps composés, n'oublie pas d'accorder le participe passé correctement (voir chap. 51 p. 37)

48. L'indicatif passé composé (temps composé)

> **AUXILIAIRE (être ou avoir) conjugué à l'indicatif présent**
> +
> **PARTICIPE PASSÉ (pp) du verbe à conjuguer.**

Exemples : Aimer → J'ai aimé
Grossir → Tu as grossi
Rire → Nous avons ri

Personne	Avec l'auxiliaire AVOIR	Avec l'auxiliaire ÊTRE
1 p. sg. - JE	J'ai + participe passé (1)	Je suis + pp (1)
2 p. sg. - TU	Tu as + pp (1)	Tu es + pp (1)
3 p. sg. - IL, ELLE, ON	Il, elle, on a + pp (1)	Il, elle, on est + pp (1)
1 p. pl. - NOUS	Nous avons + pp (1)	Nous sommes + pp (1)
2 p. pl. - VOUS	Vous avez + pp (1)	Vous êtes + pp (1)
3 p. pl. - ILS, ELLES	Ils, elles ont + pp (1)	Ils, elles sont + pp (1)

→ (1) Pour connaître la terminaison du participe passé, mets-le au féminin. Ainsi, en général, tu entends la lettre finale.

49. L'indicatif plus-que-parfait (temps composé)

> **AUXILIAIRE (être ou avoir) conjugué à l'indicatif imparfait**
> +
> **PARTICIPE PASSÉ (pp) du verbe à conjuguer.**

Exemples : Aimer → j'avais aimé
Grossir → tu avais grossi
Rire → nous avions ri

Personne	Avec l'auxiliaire AVOIR	Avec l'auxiliaire ÊTRE
1 p. sg. - JE	J'avais + participe passé (1)	J'étais + pp (1)
2 p. sg. - TU	Tu avais + pp (1)	Tu étais + pp (1)
3 p. sg. - IL, ELLE, ON	Il, elle, on avait + pp (1)	Il, elle, on était + pp (1)
1 p. pl. - NOUS	Nous avions + pp (1)	Nous étions + pp (1)
2 p. pl. - VOUS	Vous aviez + pp (1)	Vous étiez + pp (1)
3 p. pl. - ILS, ELLES	Ils, elles avaient + pp (1)	Ils, elles étaient + pp (1)

→ (1) Pour connaître la terminaison du participe passé, mets-le au féminin. Ainsi, tu entends la lettre finale.

50. Les participes passés

Te voici arrivé(e) à la page des participes passés… ou plutôt aux pages, car il en faudra plus d'une pour pouvoir t'expliquer comment ils s'accordent.

Le participe passé, c'est la forme verbale qui suit l'auxiliaire « être » ou « avoir » et qui te pose tant de problèmes d'accord.

Essayons de les comprendre !

Qu'est-ce que le participe passé ?

Le participe passé est un temps du mode participe. C'est aussi la deuxième partie d'un verbe conjugué à un temps composé… Il suit alors l'auxiliaire qui le compose.

> Exemples pour le verbe venir :
> Il est venu. (verbe venir au passé composé)
> Lorsque nous serons venus… (verbe venir au futur antérieur)
> J'étais venue toute seule. (verbe venir au plus-que-parfait)

Il peut aussi s'employer tout seul.

> Exemples : Venue de la ville voisine, elle était un peu perdue.
> Ils ont bien pris leur temps, intéressés de pouvoir regarder la fin de l'émission.

51. L'accord du participe passé

Le participe passé employé seul fonctionne comme un adjectif et s'accorde avec le nom ou le pronom auquel il se rapporte.

> Exemples : Partis très tôt, ils arrivèrent à neuf heures, très détendus.
> La maison, inhabitée, était en mauvais état.

Le participe passé employé avec l'auxiliaire être s'accorde en genre et en nombre avec le sujet du verbe.

> Exemples : La glace vous sera servie dans un instant.
> Quand ils furent tous accourus, on raconta le secret.
> Il rangeait avec soin les cadeaux qui lui avaient été offerts.
> Pars avant que la nuit ne soit tombée !

> **Le participe passé employé avec l'auxiliaire avoir s'accorde en genre et en nombre avec le groupe complément direct si celui-ci (GCD) le (pp) précède. Quand on écrit le participe passé et qu'on sait déjà de quoi on parle, on accorde le participe passé. Si on ne sait pas encore de quoi on parle, on ne l'accorde jamais.**

Exemple : Voici la lettre qu'il a rédigée.

Le GCD est « qu' » et est placé devant le participe passé.
« qu' » est un pronom relatif qui remplace la lettre.
La lettre est féminin (= genre) singulier (= nombre) donc le participe passé prend « e ».

Ou

quand on écrit « a rédigé », on sait de quoi on parle, c'est-à-dire qu'on sait ce qu'on a rédigé, c'est une lettre. Donc, on accorde le participe passé avec qu' (= lettre qui est au féminin singulier (rédigée.)

> **Le participe passé employé avec l'auxiliaire avoir mais sans GCD ne s'accorde pas. Quand on écrit le participe passé et qu'on ne sait pas de quoi on parle, on ne l'accorde pas.**

Exemple : Elle a aimé.

Le participe passé d'un verbe qui n'a pas de GCD ne s'accorde pas.

Ou

Quand on écrit « a aimé », on ne sait pas de qui ou de quoi on parle, c'est-à-dire qu'on ne sait pas ce qu'elle a aimé. Donc on ne l'accorde pas.

> **Le participe passé employé avec l'auxiliaire avoir suivi d'un GCD ne s'accorde pas.**

Exemple : Elle a écrit une lettre.

Une lettre est le GCD et il est placé derrière le participe passé, donc on ne l'accorde pas.

Ou

Quand on copie « a écrit », on ne sait pas encore de quoi on parle, c'est-à-dire qu'on ne sait pas encore ce qu'on a écrit, donc, on n'accorde pas.

52. Le groupe sujet (GS)

Tu sais que la phrase verbale de base est constituée de deux groupes essentiels ; le groupe sujet et le groupe verbal. S'il en manque un des deux, il n'y a pas de phrase.

→ Le chien …

→ … mangeaient un bonbon.

Ce ne sont pas des phrases.

Tu te souviens sans doute que le groupe sujet est le groupe qui indique de qui ou de quoi on parle dans la phrase, qui fait l'action ou encore qui possède une qualité particulière.

1. Les marqueurs et les questions pour retrouver le GS

Dans une phrase ou une proposition, le **sujet** est généralement le mot ou le groupe de mots essentiels que tu peux encadrer par « **c'est (ce sont) … qui** »

> Exemple : L'histoire que je viens de vous raconter est parfaitement authentique.
> C'est l'histoire que je viens de vous raconter qui est parfaitement authentique.
> L'histoire que je viens de vous raconter = GS

Le sujet répond également aux questions : « **Qui est-ce qui fait (l'action) ?** »
ou « **Qui est-ce qui est… ?** »

> Le cartable de mon frère pèse des tonnes !
> Qu'est-ce qui pèse des tonnes ? → le cartable de mon frère = GS

2. La place du groupe sujet

Le sujet est généralement placé **devant le verbe**.

> Exemple : Ce matin, des vents violents soufflaient dans les arbres du jardin.

Cependant, il peut être placé **après le verbe** :

→ Dans certaines phrases interrogatives :
> Exemple : À quelle heure dois-je rentrer ?

→ Parfois quand la phrase commence par un complément de phrase :
> Exemple : Dans le filet s'agitait un poisson avec des yeux énormes.

→ Dans un dialogue pour indiquer la personne qui parle :
> Exemple : Range ta chambre! cria mon père.

3. Les natures du groupe sujet

Le groupe sujet peut avoir différentes natures :

→ **Un nom :** Julien restera mon ami.

→ **Un groupe nominal :** Ces enfants deviennent de vrais moulins à paroles.
　　　　　　　　　　　　Le bateau qui semble merveilleux part dans une heure.

→ **Un pronom :** Ils sont revenus de vacances hier.

→ **Un verbe à l'infinitif :** Rire est la meilleur chose à faire en cas de déprime !

Le sujet n'est pas exprimé dans une phrase impérative.

53. Le groupe verbal (GV)

Prêt pour une plongée au cœur de la phrase ?
Pars à la découverte du groupe verbal…

> **Le groupe verbal (GV) est le groupe dont le mot principal est le verbe conjugué de la phrase.**
>
> **Il fait partie, avec le groupe sujet (GS), des deux groupes essentiels de la phrase.**
>
> **C'est le groupe qui exprime l'action (ou l'état) de la phrase en répondant à la question :**
>
> **« Que fait + GS ? » / « Que dit-on du GS ? »**

Exemple : Le responsable du festival a offert un somptueux concert aux participants.

De qui parle-t-on ? Le responsable du festival → GS

Que fait le responsable du festival ? Que dit-on du responsable du festival ?

→ Il a offert un concert somptueux aux participants.
　　　　　　　　　　　　GV

Le groupe verbal ne peut pas être effacé. Si tu l'enlèves, la phrase n'a plus de sens.

Le GV est toujours composé d'un verbe mais aussi selon le sens de la phrase, d'un GCD, d'un GCI ou d'un attribut.

Voici les structures possibles d'une phrase de base :

- **Phrase = GS + GV (verbe)**　　　　　　Exemple : Je frissonne…

- **P = GS + GV (V + GCD)**　　　　　　　Exemple : Je lis un livre.

- **P = GS + GV (V + GCI)**　　　　　　　Exemple : Je pense à mon frère.

- **P = GS + GV (V + GCD + GCI)**　　　Exemple : Tu lis une histoire à ta sœur.

Avec ÊTRE :

- **P = GS + GV (Être + attribut)**   Exemple : Il est gentil.
- **P = GS + GV (Être + complément du v.)**   Exemple : Il est dans la maison.
- **P = Il + verbe impersonnel**   Exemple : Il pleut.
- **P = Présentatif + complément**   Exemple : Voici Luc. / Il y a beaucoup de monde.

54. Les compléments du verbe : direct, indirect et attribut

Rappelle-toi que le groupe verbal est composé d'un verbe et peut être accompagné d'un ou de plusieurs compléments du verbe. Il existe **le complément direct du verbe, le complément indirect du verbe** et **le groupe attribut du sujet.**

Le complément du verbe forme un tout avec le verbe. Sans complément du verbe, la phrase manque en général de sens, elle te parait souvent incomplète.

55. Le complément direct du verbe (GCD)

Il est directement lié au verbe. On pose les questions qui ? quoi ?

    Exemples : Il construit un château (il construit QUOI ? – un château).

« Un château » est le groupe complément direct du verbe « construit ».

    Elle interroge les enfants. (elle interroge QUI ? – les enfants).

« Les enfants » est le groupe complément direct du verbe « interroge ».

1. Le groupe complément direct peut avoir différentes natures.

- **Un nom** : Je lance la balle. Je vois Jean.
- **Un groupe nominal** : Lucile a retrouvé le chat de ma voisine.
- **Un verbe à l'infinitif** : Tu dois te laver. Tu peux sonner.
- **Un pronom** : Il nous aide. Elle l'appelle.

2. Comment reconnaitre le GCD du verbe ?

- **On ne peut pas le supprimer :** Je porte une caisse. ➔ ~~Je porte.~~
- **On ne peut pas le déplacer :** Je porte une caisse. ➔ ~~Une caisse je porte.~~
- **On peut le remplacer par un pronom (il est pronominalisable) :** Je porte une caisse. ➔ Je la porte.

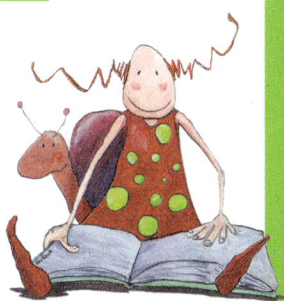

3. Ne pas confondre le GCD et GA (groupe attribut) !

Pour ne pas les confondre, il faut regarder le verbe conjugué. Si c'est un verbe d'action, le complément du verbe est un GCD et si le verbe est un verbe d'état, le complément est un attribut. Tu retrouves les verbes d'action et les verbes d'état au chap. 31 p. 25 de la partie II.

> Exemples : La sorcière a lancé un maléfice. Verbe d'action donc GCD.
> La sorcière est terrifiante. Verbe d'état donc GA.

56. Le complément indirect du verbe (GCI)

Le GCI est lié au verbe par une préposition. Quand le GCI est pronominalisé, la préposition disparait. Exemples : Il parle à Jacques – Il lui parle.

On pose les questions À QUI ? DE QUOI ? …

> Exemples : Je téléphone à ma sœur.
> (je téléphone À QUI ? – à ma sœur).
> « À ma sœur » est le groupe complément indirect du verbe « téléphoner ».
>
> Nous parlons de nos vacances.
> (nous parlons DE QUOI ? – de nos vacances).
> « De nos vacances » est le groupe complément indirect du verbe « parler ».

1. Le groupe complément indirect peut avoir différentes natures.

- **Un nom** : Je pense à Patricia.
- **Un groupe nominal** : Je me souviens de ces merveilleuses vacances.
- **Un verbe à l'infinitif** : Elle songe à partir.
- **Un pronom** : Tu lui as donné mon camion ?

2. Comment reconnaitre un GCI de verbe ?

→ **On ne peut pas le supprimer sans perdre le sens même de la phrase.**

> Exemple : Je parle à mon copain. → ~~Je parle~~.

→ **On ne peut pas le déplacer.**

> Exemple : Bill joue à la balle. → ~~À la balle Bill joue~~.

→ **On peut le remplacer par un pronom soit placé avant le verbe (lui, leur, en, y) soit placé après le verbe (lui, elle, eux, elles + de ou à).**

> Exemples : Je pense à mes enfants. → Je pense à eux.
> Je parle à mes élèves. → Je leur parle.

3. Ne pas confondre le GCI et le GCN (groupe complément du nom) !

Oui, fais bien attention : ne confonds pas le GCI avec le groupe complément du nom !

> Exemples : Il a reçu un cadeau de ses amis.
> (« de ses amis » nous dit bien de qui il a reçu le cadeau.)
> **GCI**
>
> Il a reçu un cadeau de grande valeur.
> (« de grande valeur » nous dit comment était le cadeau.)
> **GCN**

4. Les GCI à nuance de lieu.

→ **Sois vigilant(e), il existe des GCI à nuance de lieu.**

→ **Uniquement pour les verbes de mouvement :** aller, venir, partir...

> Exemples : Je vais au marché.
> Tu viens de Bruxelles.
> Il part pour Londres.

⚠️ **Quand il y a deux groupes compléments du verbe, le complément direct se place avant le complément indirect.**

58. Le groupe attribut du sujet (GA)

L'attribut suit le verbe d'état (que tu ne sais pas mimer) comme être, paraître, sembler... (voir chap. 31. Les verbes d'action et les verbes d'état, p. 25)

Le groupe attribut s'accorde en genre et en nombre avec le sujet.

> Exemples : Ses amis ont l'air de personnes sympathiques.
> Le chat et le chien sont des animaux domestiques.

→ Tu constates, comme le GCD et le GCI, que le groupe attribut ne peut pas être supprimé, qu'il n'est pas déplaçable.

→ On peut le remplacer par un pronom placé avant le verbe.

> Exemples : Ses amis ont l'air de clowns – Ses amis en ont l'air.
> Le chat et le chien sont malades. – Le chat et le chien le sont.

1. Le groupe complément attribut peut avoir différentes natures

- **Un nom** : Tu resteras mon ami.

- **Un groupe nominal** : Ces enfants deviennent de vrais moulins à paroles.

- **Un adjectif** : Elles paraissent surprises.

- **Un pronom** : Cette voiture est la mienne.
- **Un verbe à l'infinitif** : La menace reste à craindre.
- **Un adverbe** : Ils semblent bien, ils sont ensemble.

58. Les groupes compléments de phrase (GCP)

Si le GS et le GV sont les constituants indispensables de la phrase, il existe aussi d'autres types de groupes.

En effet, dans une phrase, il arrive que tu aies beaucoup de groupes différents qui permettent de te **donner des précisions**, des **informations complémentaires**, et de **répondre à des questions** du type :

« Où se passe l'action? , Comment se déroule-t-elle? Quand a- t-elle lieu? Pourquoi se passe-t-il telle ou telle chose?, etc. ».

Ces groupes qui complètent la phrase s'appellent des «Groupes Compléments de Phrase» (GCP).

1) Les groupes compléments de phrase te donnent donc des informations sur les circonstances, le moment, le lieu, la cause, ou le but dans lesquels se déroule l'action.

Chaque groupe complément de phrase a une nuance différente.

- **Lieu** : Tu poses la question : où se passe l'action ?
  Je promène mon chien dans le parc.
- **Temps** : Tu poses la question : quand se passe l'action ?
  Lorsque tu es arrivé, j'allais partir.
- **Manière** : Tu poses la question : comment se passe l'action ?
  Papa ouvrit doucement la porte.
- **Cause** : Tu poses la question : pourquoi se passe l'action ? (parce que, car, puisque…)
  J'ouvre mon parapluie parce qu'il pleut.
- **But** : Tu poses la question : dans quel but se déroule l'action ? (pour que, afin que, dans le but de…)
  Pour faire des châteaux de sable, il faut une bonne pelle.

2) Le groupe complément de phrase peut avoir différentes natures.

- **un groupe nominal** : Il travaille dans la bibliothèque.
- **Un pronom** : Il y travaille. (dans le jardin par exemple)
- **Un adverbe** : Il travaille beaucoup.
- **Un verbe, ou un groupe verbal à l'infinitif** : Pour réussir, il travaille.

3) Il y a trois manières de repérer ces groupes compléments de phrase:

1. **Tu peux le supprimer.**
2. **Tu peux le déplacer.**
3. **Tu ne peux pas le pronominaliser.**

Dans cette phrase :	Ce matin, le train a pris du retard à cause des intempéries. GCP GCP
1.	**Tu peux le supprimer.**
Règle	**Tu peux supprimer un G.C.P. sans que la phrase ne perde tout son sens.**
Exemple	Le train a pris du retard.
2.	**Tu peux le déplacer.**
Règle	Tu peux aussi déplacer un groupe complément de phrase.
Exemple	À cause des intempéries, le train a pris du retard ce matin. Le train a pris du retard ce matin, à cause des intempéries. À cause des intempéries, ce matin, le train a pris du retard. Ce matin, à cause des intempéries, le train a pris du retard.
3.	**Tu ne peux pas le pronominaliser.**
Règle	**Tu ne peux pas remplacer le GCP par un pronom (le « pronominaliser ») SAUF s'il s'agit d'un lieu. Le pronom « y » peut alors remplacer ce GCP.**
Exemple (c'est l'exception)	Ce jeune bricoleur a trouvé des outils intéressants dans le rayon outillage. Ce jeune bricoleur y a trouvé des outils intéressants. (pronominalisation)

59. Le groupe complément du nom (GCN)

Tu as déjà découvert que chaque phrase était constituée de différents groupes (au moins le groupe sujet et le groupe verbal).

Certains groupes ont pour centre (le mot principal), un nom ; on les appelle des groupes nominaux.

Si on veut préciser ou compléter un nom, on y ajoute des éléments.

→ Ta sœur a rencontré ses copains.
→ Ta jeune sœur a rencontré ses anciens copains.

Ces deux noms « sœur » et « copain » ont été complétés par des **compléments du nom (GCN).**

→ Ta <u>jeune</u> sœur a rencontré ses <u>anciens</u> copains.
  GCN   **GCN**

ANALYSE

1. Les Groupes Compléments du Nom (GCN) peuvent avoir différentes natures.

- **Un adjectif :** Il a pris la grosse pomme pour son gouter.
- **Un groupe nominal :** Éric, le grand garçon, c'est mon voisin.
- **Un groupe nominal introduit par une préposition, un mot lien :** La maison de mes parents a été repeinte en rouge.
- **Un verbe à l'infinitif :** Son envie de vivre était plus forte que tout.

2. Dans un même groupe nominal, tu peux trouver plusieurs GCN.

➔ Le nouveau directeur de l'école a bu une grande tasse de café noir.

3. Le groupe complément du nom, si c'est un adjectif, un groupe nominal ou une proposition, s'accorde en genre et en nombre avec le nom qu'il complète.

- **Un adjectif :** Il a pris les grosses pommes pour son gouter.
                                              GCN
- **Un groupe nominal :** Éric et Marc, les caïds de l'école, ce sont mes voisins.
                                                                   GCN

4. Pour t'aider à retrouver un GCN, pose-toi la question : « Comment est ce nom » ? », « Que me dit-on sur ce nom ? ».

➔ Ta jeune sœur a rencontré ses amis.   Comment est ta sœur ? Elle est jeune
                                                                     Que me dit-on sur ta sœur ? Elle est jeune

5. Tu peux supprimer le GCN sans que le nom qu'il complète ne perde tout son sens.

➔ Ta [jeune] sœur a rencontré ses amis.

6. Tu peux trouver un GCN dans n'importe quel type de groupe dont le centre est un nom.

➔ Ce gentil garçon aide sa maman.   = **GCN dans un GS**
➔ Il attendait les invités qui devaient arriver nombreux. = **GCN dans un GCD**
➔ Ce chemin aboutissait au fond du ravin.   = **GCN dans un GCP (lieu)**

60. La ponctuation

Imagine… Tu as terminé d'écrire une histoire incroyable que tu as composée toi-même. Tu es fier(-ère) et … tu as bien raison ! Maintenant, tu n'as plus qu'une seule envie, c'est que la terre entière la lise ! Tu la distribues à tes amis et attends de voir leurs réactions… Tiens ? Mais, que se passe-t-il ? Ils froncent les sourcils, se regardent du coin de l'œil … Ils ont l'air de ne rien y comprendre ! Mince, alors ! N'aurais-tu pas oublié de ponctuer ton texte ? Sans ponctuation, il doit être incompréhensible…
Tu verras ; plus que quelques points, virgules et guillemets, et ce sera parfait !

> **La ponctuation est l'ensemble des signes que l'on trouve partout dans les textes pour séparer les phrases et leurs différentes parties.**
> La ponctuation sert à rendre un texte plus compréhensible pour le lecteur en lui indiquant où s'arrêter lorsqu'il parcourt le texte, où faire des pauses, où prendre une intonation joyeuse, triste ou inquiète.
> La ponctuation permet de clarifier sa pensée et transmettre ses émotions.

Une phrase commence toujours par une majuscule et se termine toujours par un point.

Les principaux signes de ponctuation sont:

le point [.], le point d'interrogation [?], le point d'exclamation [!], le point-virgule [;], les points de suspension […], les deux points [:], la virgule [,], les guillemets [« »], le tiret [—], les parenthèses [( )].

- **La majuscule se trouve :**
    - → toujours à la première lettre du premier mot de la phrase.
    - → toujours à la première lettre des noms propres.

    Exemple : Je me rends à Bled, ville de Slovénie, avec Jacques, mon cousin.

- **Le point (.) :**
    - → indique la fin de la phrase déclarative.
    - → est utilisé dans les abréviations : « Ex : adj. »
    - → apparait entre les lettres d'un sigle : « O.N.U. »

    Exemple : Le temps se couvre. Les nuages commencent à revenir.
    Il va falloir sortir le parapluie.

- **Le point d'interrogation** (?) indique toujours la fin d'une phrase interrogative.

    Exemple: Allez-vous à la piscine ?

- **Le point d'exclamation** (!) termine une phrase exclamative ou impérative et exprime un sentiment de joie, de douleur, d'étonnement, de peur…

    Exemples: Que cette fleur est belle !
    Sortez d'ici immédiatement !

- **Les trois points de suspension** (…) se placent à la fin ou à l'intérieur d'une phrase pour marquer une hésitation, l'incertitude, une attente, une liste incomplète ou tout simplement pour montrer que la phrase n'est pas achevée.

    Exemples: Elle est… partie hier matin.
    Comme chanteur, j'écoute Céline Dion, Patrick Bruel, Lorie…

- **Les deux points** (:) annoncent une citation, une explication, une énumération, le début d'un discours dans un dialogue.

    Exemples: Les trois plus grandes filles de l'école sont : Marie, Lisa, Laurence.
    Arrivé au milieu de la forêt, il s'écria : « je suis perdu ! »

- **Le point virgule** (;) sépare des parties de phrase comportant déjà des virgules, ou des propositions indépendantes ou juxtaposées.

    Exemples: Isabelle jouait au tennis ; son frère préférait le football. Tout à coup, elle pâlit ; sa voix devint rauque et ses yeux s'embuèrent de larmes.

- **La virgule** (,) :
    - → sépare les différents groupes de la phrase indiquant le temps, la manière, le lieu.
    - → permet d'écrire une énumération en séparant les mots de même nature et de même fonction.
    - → met en évidence un groupe de mots en le séparant du reste de la phrase.
    - → sert de parenthèses pour donner une explication dans la phrase.

    Exemples: Il ne craint ni le vent, ni le froid, ni la neige.
    Puisque tu le souhaites, je le ferai.
    Nous montions, il descendait.

- **Les guillemets** (« … ») :
    - → encadrent un dialogue, une citation.
    - → mettent en évidence un mot bizarre de la langue populaire, un mot d'une langue étrangère, un mot employé avec un sens inhabituel.

    Exemples: Il se tourna vers moi et me demanda : « Avez-vous l'heure ? »
    Après une séance de judo, je me sens tellement « cool ».

- **Les parenthèses** (…) introduisent dans la phrase une indication complémentaire : mots, expression…

    Exemples : Cette règle est supprimée (règle sur le bruit à l'école).
    Je suis allé à Paris (la capitale de la France), pendant les grandes vacances.

- **Le tiret** (-) marque le changement d'interlocuteur dans un dialogue et peut remplacer les parenthèses.

    Exemples: – Bonjour ! Comment allez-vous ce matin ?
    – Très bien, merci. Et vous ?
    – Un peu fatigué aujourd'hui…

61. Les accents et le tréma

Une fete sans deguisement, c'est trop bete, non ?

Pardon ? Ah, oui, évidemment ! Les accents sont importants. Ils sont comme les petits signes distinctifs qui rendent les mots uniques et bien particuliers... C'est sûr (avec son accent circonflexe) !

Il existe trois sortes d'accents + le tréma. Il y a l'accent grave, l'accent aigu et l'accent circonflexe.

1. Les accents

- **l'accent grave (è, à, où)**

    Il est placé sur le e pour qu'on lise le son [ɛ] : fièvre, chèvre.

    Il est placé sur le a et le u pour qu'on puisse différencier des homophones comme a et à / ou et où.

- **l'accent aigu (é)**

    Il est placé uniquement sur la lettre e pour qu'on lise [e] : éléphant, cheminée.

- **l'accent circonflexe (ê, â, ô, î, û)**

    L'accent circonflexe indique souvent la disparition d'un « e » ou plus souvent d'un « s »:

    → âge s'écrivait autrefois eage

    → tête s'écrivait autrefois teste

    → forêt, forestier

    → vêtement, vestimentaire

    → hôpital, hospitalier

    → fenêtre, défenestrer

    Il est placé sur la lettre e pour indiquer le son [ɛ] : chêne, tête.

    Il est placé sur les lettres a et o pour permettre d'indiquer dans certains cas une différence de son: une patte et des pâtes. Une tâche et une tache.

    Dans d'autres cas, l'emploi de l'accent circonflexe ne peut être justifié. Il est dès lors important de retenir ces mots contenant l'accent circonflexe.

    L'accent circonflexe permet parfois de distinguer des mots homophones (ayant la même prononciation mais ayant un sens différent) :

    Cru et crû : participes passés de croire (cru) et de croître (crû).

Sur et sûr : J'adore les bonbons sûrs. Je les prends, ils sont sur la table.

Du et dû : J'aurais dû te dire d'acheter du gâteau.

Mat et mât : Le drapeau pirate est accroché au mât du bateau. Échec et mat.

Jeûne et jeune : Je suis trop jeune pour faire une journée de jeûne.

Tache et tâche : Tu as fait des taches. Ta tâche est de tout nettoyer.

Cote et côte : À l'école, j'ai de belles cotes. Mon père s'est cassé une côte.

> Les rectifications orthographiques de 1990 indiquent que devant une syllabe contenant un e muet, on écrit è et non é : évènement sur le modèle de avènement, etc.

2. Le tréma (ï, ë)

Le tréma se place le plus souvent sur les voyelles e et i. Cela permet d'améliorer la lecture. En effet, la présence du tréma permet de savoir qu'il faut lire les voyelles séparément, qu'elles ne forment pas un son.

Exemples : du maïs – mais
Noël

62. Tout

Tout ? Tous ? Toutes ? Tout doux, mon toutou : on va faire connaissance...

Observe : Ils sont tout contents.(Car l'adjectif est au masculin !)
Elles sont toutes honteuses. Elle est toute contente.
Ils sont tout honteux. Ils sont « entièrement » honteux.

→ **TOUT remplacé par ENTIÈREMENT est un adverbe et est invariable (il ne change pas) sauf devant un adjectif féminin commençant par une consonne ou un « h » aspiré.**

Observe : Tous les prix ont été distribués. (accompagne un nom)
Maman a partagé toutes les économies. (accompagne un nom)
Le camion a déposé toute la marchandise. (accompagne un nom)

→ **TOUT = « tous, sans exception » est un DÉTERMINANT. Il s'accorde en genre et en nombre avec le nom auquel il se rapporte.**

Observe : Il a tout pris. Toutes vinrent à la réunion du samedi soir.

→ **TOUT est un PRONOM.
On peut le remplacer par tout le monde.
Il varie en genre et en nombre avec le nom qu'il remplace.**

Observe : Toutes ces matières forment un tout.
Il a vu la collection et il a acheté le tout.

→ **TOUT = UN TOUT est un nom commun.
DES TOUTS est le pluriel.**

63. Cour / cours / court / courre / coures / courent / coure

Entre la cour de récréation et les cours du professeur, que choisir ?

Observe : Boris et Nathalie te donnent un cours de dessin et de néerlandais.
L'Escaut ou la Meuse sont des cours d'eau.

→ **COURS = la leçon de géographie (nom commun)
= le ruisseau, le fleuve ou la rivière**

Observe : Je joue dans la cour de récréation.
Je vais à la Cour de justice. (la Cour d'Assises)
Le Roi Louis XIV était souvent entouré de sa cour.
Je fais la cour à Laura.

→ **COUR = un lieu (nom commun)
= un tribunal (nom commun)
= des personnes qui entourent le Roi (nom commun)
= Action de vouloir plaire à quelqu'un (nom commun)**

Observe : Justine Henin joue sur le court central.

→ **COURT = le nom du terrain (nom commun)**

Observe : Mon pantalon est trop court.
Je suis à court d'argent.

→ **COURT = adjectif masculin (qui n'est pas long)
= adverbe (insuffisant)**

Observe : Si tu veux gagner, cours plus vite !
Il faut que tu coures sinon tu vas être tout mouillé.

→ **Verbe « courir » conjugué à différents temps :**

Ind. Prés. :	subj. Prés. :	imp. Prés. :
je cours	que je coure	cours
tu cours	que tu coures	
il court	qu'il coure	
ils courent	qu'ils courent	

64. La / l'a / l'as / là

Ce petit mot parait facile et pourtant, il te procure quelques petites hésitations…
Mettons-nous au diapason…

Observe : La télévision est en panne.
Il la mange.

→ **LA est un déterminant quand il est directement suivi d'un nom.**
LA est un pronom quand il est directement suivi d'un verbe.

Observe : Elle l'a vu. Cette pomme, tu l'as mangée.

→ **L'A - L'AS = appartient au verbe avoir**

Observe : Est-ce qu'il est là ? Passez par là !
« Madame n'est pas là ! » (Madame n'est pas ici !)

→ **Là = LA-BAS = ICI = ADVERBE**
Il exprime un lieu.

65. Leur / leurs

Je leur ai rendu leurs chaussures. Tu remarques que les deux « leur » sont différents. Lesquels choisir ?

Observe : Je leur donne à manger. Je lui donne à manger.

→ **LEUR est un pronom. Dans ce cas il est invariable.**
Tu peux le remplacer par plusieurs personnes ou par lui.

Observe : Leurs amis vont arriver. (Impossible de dire « Lui amis vont arriver » !)
Leur maison a brulé.

→ **LEUR est un déterminant. Il se rapporte à un nom au singulier.**
LEURS est un déterminant. Il se rapporte à un nom au pluriel.

Observe : Ils ont reconnu les leurs.

→ **LES LEURS = « leur » est un pronom et est précédé de « les », il**
se met toujours au pluriel.

66. Mets / met / m'es / m'est / mes / mais / mai

Mais oui, il y a plusieurs mets, pour qui a de l'appétit.
Au menu, une petite explication…

Observe : En avril, ne te découvre pas d'un fil; en mai fais ce qu'il te plait.
(nom = le mois)

→ **MAI = LE MOIS DE MAI (nom commun)**

Observe : Mes doigts sont tachés d'encre. (Mon doigt est taché d'encre.)
Mes économies me permettront de partir en vacances.

→ **MES = DÉTERMINANT = LES MIENS, LES MIENNES**

Observe : Tu m'es précieux. (Au pluriel: tu nous es…)
Cela m'est bien utile. (Au pluriel: cela nous est utile.)

→ **M'EST – M'ES = MOI + LE VERBE ÊTRE**

Observe : Il est petit mais habile. Cette veste est belle, mais chère.

→ **MAIS est une CONJONCTION. Tu peux le remplacer par « et ».**

Observe : Je mets la table. Il met les bouchées doubles.
(Au pluriel: nous mettons… ils mettent…)

→ **METS – MET = LE VERBE METTRE**

Observe : Il nous a préparé un repas de fête : son mets est délicieux.

→ **METS = LE NOM DU REPAS**

67. Peu / peux / peut

Si tu veux, tu peux… écrire « peut, peu, peux » sans hésiter !

Observe : J'ai peu d'argent en poche.

→ **PEU est le contraire de beaucoup, tu peux donc le remplacer par « pas beaucoup ».**

Observe : Tu peux venir avec moi. Il peut prendre ses jouets.

→ **PEUX – PEUT = LE VERBE POUVOIR**
« Je peux », « tu peux », « il peut »: tu peux les remplacer par
« je pouvais », « tu pouvais », « il pouvait ».

68. Quand / quant / qu'en

Observe : Qu'en penses-tu ?

→ **QU'EN = QUE + EN**

Observe : Quand serez-vous à Paris ? Appelez-moi !
Lorsque vous serez à Paris ? Appelez-moi !

→ **QUAND se trouve au début de la question.**
Tu peux le remplacer par « lorsque ».

Observe : Quant à lui, il descend vers la France.

→ **QUANT au, QUANT à peuvent être remplacés par « pour ».**

69. Quel / quelle / quels / quelles / qu'elle / qu'elles

Observe : Quelle voiture choisis-tu pour aller à l'école ?
Quelles sont les questions que vous vous posez ?

→ **QUEL, QUELLE, QUELS ET QUELLES = DÉTERMINANT**
Il s'accorde en genre et en nombre avec le nom auquel il se rapporte.

Observe : Il ne faut plus qu'elle sorte seule.

→ **QU'ELLE, QU'ELLES = QU' + PRONOM PERSONNEL**
Tu peux remplacer « qu'elle » par « qu'il ».

70. Sens / sent / s'en / sans / cent / sang / sens

Observe : Il est sorti avec son parapluie.
Il est sorti sans son parapluie.

→ **SANS = LE CONTRAIRE DE AVEC**

Observe : Il s'en va. Je m'en vais.

→ **S'EN = se + pronom personnel EN**
Tu peux le remplacer par « m'en » ou « t'en ».

Le sens de la phrase t'indique pour les exemples suivants l'orthographe à utiliser.

Observe : Je sens une drôle d'odeur.

→ **SENS, SENT = DU VERBE SENTIR**

Observe : Du sang lui coule dans les veines.

→ **SANG = NOM COMMUN**

Observe : Ce pull coute cent euros. J'ai répété cent fois la même chose.

→ **CENT = LE NOMBRE 100**

71. Ses / ces / c'est / s'est

Observe : Ces filles sont les meilleures amies du monde.

→ **CES = déterminant démonstratif, pluriel de « ce », « cet » ou « cette » (il désigne « ceux-là »)**

Observe : Ses chemises sont toutes particulières.

→ **SES = déterminant possessif, pluriel de « son » (il désigne « les siens »)**

Observe : C'est difficile de faire de la danse classique.

→ **C'EST = pronom démonstratif « ce » (qu'on peut remplacer par cela) suivi du verbe être à la 3e personne du singulier (est)**

Observe : Il s'est cassé le bras en tombant de l'arbre.

→ **S'EST = pronom personnel « se » suivi de l'auxiliaire être à la 3e personne du singulier (est) - L'auxiliaire et le pronom servent à former un verbe pronominal au passé composé. (Mettre le verbe au présent pour voir si c'est un verbe pronominal.)**

72. Si / s'y / -ci / ci- / scie

Si ces six scies-ci scient six saucisses, ces six cents scies-ci scient six cents saucisses... et c'est à ne plus s'y retrouver ! Silence, on explique...

Observe : Qui s'y frotte s'y pique...
Il a été à la mer et il s'y est rendu en vélo. Il s'y rend. Je m'y rends !

→ **S'Y = SE + LE PRONOM OU ADVERBE Y : tu peux le remplacer par m'y ou t'y**

Observe : Si je peux rentrer plus tard, je passerai une meilleure soirée.
Il est si gentil. Do, ré, mi, fa, sol, la, si, do.

→ **SI = CONJONCTION qui induit une condition ou une incertitude.
= ADVERBE D'INTENSITE
= nom commun : la note de musique**

Observe : Celui-ci est pour moi. Ci-contre, l'exercice de mathématique.

→ **-CI désigne quelque chose, c'est un pronom démonstratif.**

Observe : Je scie une poutre. Tu scies du bois.

→ **SCIE du charpentier (l'objet) ou le verbe SCIER**

73. Tends / tend / t'en / tant / taon

Observe : Tu tends un arc. (Tu tendais ton arc.)

→ **TENDS = LE VERBE TENDRE**

Observe : Il a tant rigolé en lisant ce livre. (Il a tellement rigolé…)

→ **TANT = adverbe**
  Tu peux le remplacer par « tellement ».

Observe : Tu t'en vas déjà ?

→ **T'EN = pronom personnel + en**
  Tu peux le remplacer par « m'en » ou « s'en ».

Observe : J'ai été piqué par un taon.

→ **TAON, c'est le nom d'un insecte.**

74. Tond / tonds / ton / thon / t'ont

Observe : Il tond la pelouse avant de partir à la mer.

→ **TOND = verbe « tondre » conjugué à l'indicatif présent ou à l'impératif présent**
  je tonds   tonds
  tu tonds
  il tond

Observe : Cette chanson devrait être chantée un ton plus haut.

→ **TON = nom commun (vient du nom tonalité)**

Observe : Le ton de ce mur me fait penser à la mer.

→ **TON = nom commun (nuance, teinte, couleur)**

Observe : Ton cerf-volant est superbe ! Pourras-tu me le prêter à la mer ?

→ **TON = déterminant possessif : on peut le remplacer par mon - son**

Observe : Le thon vit dans la mer et non dans l'étang.

→ **THON = nom commun (gros poisson de mer)**

Observe : Parle-moi sur un autre ton !

→ **TON = nom commun (une façon de parler)**

Observe : Ils t'ont rendu les papiers pour les classes de mer.

→ **T'ONT = verbe « avoir » précédé du pronom personnel « t' » = toi.**

75. L'écriture des nombres

Tu viens de découvrir que dans un texte (sauf si celui-ci est un traité de mathématique), les nombres doivent s'écrire en toutes lettres ? Mille milliards ! Te voilà face à une nouvelle difficulté.

Pas de panique, voici en quelques lignes les règles principales qui te permettront de bien t'en sortir !

Les nombres « simples » sont les déterminants ou des pronoms qui s'écrivent en un seul mot :

→ les nombres jusque 16 : zéro, un, deux , trois , quatre, cinq, six, sept, huit, neuf, dix, onze, douze, treize, quatorze, quinze, seize.

→ les dizaines : dix, vingt, trente, quarante, cinquante, soixante, septante, nonante. (**sauf 80** = quatre-vingts (4 x 20))

→ 100 et 1 000 : cent et mille

Les autres nombres sont des **déterminants composés** formés de deux ou plusieurs éléments.

→ 17 : dix-sept

→ 82 : quatre-vingt-deux

Le trait d'union.

La nouvelle orthographe autorise à lier les déterminants numéraux par des traits d'union, lorsqu'ils forment un nombre composé, inférieur ou supérieur à cent, même s'ils sont unis par « et ». On ne met pas de trait d'union avant et après millier, million et milliard qui sont des noms.

→ 450 396 : quatre-cent-cinquante-mille-trois-cent-nonante-six.

→ 237 628 000 : deux-cent-trente-sept **millions** six-cent-vingt-huit-mille.

Le pluriel.

Millier, **million** ou **milliard** sont des noms. Ils s'accordent donc comme des noms. Ils ne sont ni précédés, ni suivis d'un trait d'union et ils s'accordent s'ils sont multipliés. Mille est toujours invariable.

- 62 313 000 : soixante-deux millions trois-cent-treize-mille
- 12 450 321 000 : douze milliards quatre-cent-cinquante millions trois-cent-vingt-et-un-mille

Quand un nombre se termine par 1, on ajoute la conjonction « **et** », **sauf** lorsqu'il est précédé de 100 et de 1000. Dans ce cas, on ne met pas de « **et** ».

- 61 : soixante-et-un
- 91 : nonante-et-un

    (**sauf 81** : quatre-vingt-un)

- 101 : cent-un
- 801 : huit-cent-un
- 1001 : mille un …

Vingt et cent ont des règles particulières d'accord à retenir.

Accord de vingt et cent :

Vingt est invariable sauf quand il est multiplié et placé à la fin du nombre.
Il prend alors un « s ».

- 80 : quatre-vingts (multiplié et à la fin du nombre)
- 81 : quatre-vingt-un (multiplié mais pas à la fin du nombre)
- 80 000 : quatre-vingt-mille (multiplié mais pas à la fin du nombre)
- 80 000 000 : quatre-vingts millions (multiplié et à la fin du nombre puisque « million » est un nom !)

Cent est invariable sauf quand il est multiplié et placé à la fin du nombre.
Il prend alors un « s ».

- 300 : trois-cents (car trois fois cent / 3 x 100) (multiplié et à la fin du nombre).
- 3 100 : trois-mille-cent (car trois mille plus cent/ 3000 + 100) (à la fin du nombre mais pas multiplié).
- 203 : deux-cent-trois (car (2 x 100) +3) (multiplié mais pas à la fin du nombre).

76. Les homonymes

Un homonyme est un mot qui se prononce ou s'écrit de la même façon qu'un autre mais qui n'a pas le même sens !

Un homonyme veut dire : **même mot mais qui a un sens différent**.

>Exemples : Il compte son argent. (verbe) / Un compte bancaire (nom commun)
>Je bois un jus d'orange. / Un jouet en bois / Nous allons tous au bois.

Les homonymes peuvent avoir une orthographe identique ou non, une même prononciation mais un sens différents. **Un homographe, lui, a la même orthographe**.

>Exemples : Luc lui fait un signe de la main. / Il y a un cygne sur le lac.
>Maman signe mes contrôles. / Son instrument a le même son.

Quand la **ressemblance est uniquement orale**, on dit que les mots sont **homophones**.

>Exemple : Des poils ras. / Un raz de marée. / Un rat d'égout.

Un homophone a la même prononciation.

>Exemples : a, à, as / ni, n'y /ce, se / et, est / la, là, l'a, l'as /dans, d'en, dent…(voir petites règles d'orthographe chap. 64 et suivants)
>Exemples particuliers : Ça me tente de loger sous tente dans le jardin de ma tante !
>Mon père perd sa paire de chaussettes tous les soirs.

77. Les synonymes

Ils sont un peu comme des voisins de classe : les synonymes sont des mots qui ont un sens très proche et qui sont de même classe grammaticale (nature).

Voici quelques exemples qui te permettront de mieux comprendre cette définition.

>Exemple : Une voiture / une automobile

- Le synonyme apporte une précision sur un sens d'un mot ou d'une expression.

>Exemple : Sombre / obscur

- C'est important que tu choisisses le synonyme qui convient le mieux en fonction du contexte ou de la phrase.

>Exemple : Tu vas faire des photos. / Tu vas prendre des photos.

- Grâce aux synonymes, tu peux éviter une répétition.

>Exemples : Mon oncle a une grande maison. Sa maison est aussi très belle.
>Mon oncle a une grande maison. Sa demeure est aussi très belle.

78. Les antonymes

Tu joues peut-être à trouver le contraire d'un mot. Tu cherches son antonyme… C'est un mot qui veut dire le contraire…

Un antonyme est un mot qui a un sens opposé à un autre, qui exprime le contraire d'un autre mot.
Flotter / couler - blanc / noir - triste / content
Parfois, tu peux former un antonyme à l'aide d'un préfixe.
Heureux / malheureux – mobiliser / immobiliser

Tu peux trouver le contraire d'un nom de deux façons :

a) en changeant le mot : faux / juste

b) à l'aide d'un préfixe : adroit / maladroit

79. Les familles de mots

Passion, passionnant, passionner, passionnément… Ce sont des mots qui se ressemblent, qui parlent de la même idée mais qui ne sont pas exactement les mêmes. On dit que ces mots font partie de la même famille.

Les mots d'une même famille illustrent une même idée. Pour appartenir à la même famille, les mots doivent avoir le même radical (groupe de lettres en commun).

Exemples :

Mots de la même famille dont le radical est SEC :

sec – sécher – sécheresse – séchoir – dessécher - …

- Certains mots se ressemblent mais ne sont pas de la même famille car le sens est différent.

Exemple : Sale (contraire de propre) et saler (mettre du sel).

- Parfois, dans une même famille, le radical est modifié.

Exemple : Mer et marin.

Quand tu ne sais pas comment écrire un mot dont tu n'entends pas la dernière lettre, va à la recherche d'un mot de la même famille et tu trouveras la lettre manquante.

Exemples :   Porc – porcherie.
Port – portuaire.
Chat – chatière.